부동산 투자 대격변

변화된 패러다임에 대비하라

부동산 투자 대 격 변

변화된 패러다임에 대비하라

박준연 지음

두드림미디어

그때는 맞고 지금은 틀리다!
대한민국 부동산 시장의 현재

부동산 시장이 안개에 싸인 듯, 한 치 앞이 보이지 않습니다. 시장이 불투명하니 투자자도 우왕좌왕하고 있습니다. 얼마 전 부동산 투자 세미나를 열었는데, 바쁜 와중에도 일부러 시간을 내어 먼 곳까지 방문하는 투자자를 보면서 코끝이 찡해졌습니다. 쉽지 않은 현재의 투자 시장에서 어떻게 해서든 성공하겠다는 투자자의 열망이 느껴졌기 때문입니다. 어려운 시장일수록 제대로 된 정보를 전달하려는 저의 바람 역시 덩달아 커집니다.

두 번째 책을 낸 지 1년 만에 부랴부랴 세 번째인 이 책을 준비한 이유가 있습니다. 현장과 유튜브를 통해 투자자를 만나는 동안 '예전처럼 부동산 투자를 하면 안 되겠다'라는 생각이 점점 더 커지고 있습니다. 시장은 변화하고 있는데 투자자는 이를 인식하는 것에 어려움을 겪고 있습니다. 이러다간 힘들게 모은 재산을 까먹을 수도 있겠다 싶은 걱정마저 듭니다.

지금까지 50년은 대한민국 부동산 시장의 투자 황금기였습니다. 미다스의 손처럼, 손대는 것마다 투자에 성공하던 시절이었습니다. 그렇게 대한민국이 반세기를 보내왔습니다. 하지만 앞으로 다가올 50년은 지금과 다릅니다. 사실은 혹독한 투자 환경이 기다리고 있다는 것이 저의 생각입니다. 이런 쉽지 않은 상황을 독자에게 알려드리고, 인식을 공유해야 한다고 생각했습니다. 함께 대비책을 찾아야 합니다.

이 책은 시장 상황을 파악하는 것부터 먼저 시작합니다. 내부적으로는 경제성장률이 둔화되고 있습니다. 외부적으로는 전쟁 등 불안한 국제정세에 휘둘리고 있습니다. 불안정한 상황 앞에서는 현재 시장을 진단하는 일은 무척 중요합니다. 우리가 처한 현실을 짚어야 대비책을 세울 수 있기 때문입니다. 과거 우리의 부동산 투자 환경은 어땠는지, 현재 어떤 미래가 기다리고 있는지 전반적이고 개략적인 시장 상황을 살펴볼 것입니다.

상황을 짚었다면 그다음은 해결책입니다. 아무리 투자 환경이 어렵다고 하더라도 주택과 상업용 부동산 투자로 수익을 낼 방법을 찾아내야 합니다. 아파트 등 주택 시장은 현재 투자자가 가장 많은 관심을 쏟고 있는 분야입니다. 동시에 녹록지 않은 상황이라는 것도 독자 대부분이 눈치채고 있습니다.

현재 어떤 방향에서 어떤 내용으로 주택 투자 환경이 변하고 있으며, 어떤 점을 염두에 두어야 하는지 살펴볼 것입니다.

상업용 부동산 시장도 마찬가지입니다. 저는 앞으로 상업용 부동산 시장에 돈 버는 길이 남아 있다고 믿고 있습니다. 물론 주택 투자 시장과 마찬가지로 상업용 부동산 시장 역시 장밋빛 미래만이 기다리고 있는 것은 아닙니다. 하지만 우리나라 부동산 투자 시장이 앞으로 나가야 할 방향은 상업용 부동산입니다.

부동산 선진국에서 투자의 꽃은 상업용 부동산으로 통합니다. 지금까지 주택 투자를 통해 부동산 투자의 대중화가 실현되었다면 앞으로는 그 발판을 토대로 투자의 흐름이 상업용 부동산 시장으로 옮겨가야 합니다. 새로운 투자 동력을 상업용 부동산에서 찾고, 상업용 부동산 투자와 관련된 핵심적인 내용을 숙지해 투자에서 성공할 수 있어야 합니다.

이 책에서는 상업용 부동산이 왜 투자의 대세인지, 어떻게 하면 상업용 부동산 투자로 돈 벌 수 있는지, 그 방법을 알려드릴 것입니다.

마지막으로 투자를 실행하기 전에 반드시 짚고 넘어가야 할 투자 마인드에 대해 살펴보겠습니다. 부동산 투자할 때 가장 중요한 것은 '마음먹는 일'입니다. 너무 당연한 이야기겠지만, 돈이 수백, 수천억 원이 있어도 투자 마인드가 정립되어 있지 않으면 투자를 시작하기 어렵습니다. 시작하기 어려우니 성공하기는 더더욱 어렵습니다. 사고방식을 정립하는 것이야말로 투자 시작의 근간임을 책의 마지막 장에서 알려드릴 것입니다.

　시간이 지날수록 확실해지는 것이 있습니다. 앞으로는 보통의 일반 부동산 투자자도 시장에서 전문가 수준이 되어야 한다는 사실입니다. 알려고만 들면, 배우려고만 들면 거의 모든 것을 알 수 있는 세상입니다. 정보가 사방에 널려 있습니다. 오히려 정보가 너무 많아서 탈입니다. 어떤 분들은 수많은 정보 중에서 진짜 도움이 되는 정보를 구별해내는 일이 쉽지 않다고 말합니다. 이제는 단순한 정보의 취합만으로 승부를 보기 힘듭니다. 정보를 취합해 자신에게 꼭 필요한 정보로 가공할 수 있어야 하며, 그 정보를 바탕으로 종합적이고 전략적인 사고와 판단을 내릴 수 있어야 합니다. 그래야 급변하는 국내 부동산 투자 환경과 향후 닥쳐올 미래에 대비할 수 있습니다. 그런 때를 대비할 수 있도록 이 책이 안내자가 되어드릴 것입니다.

　앞으로 다가올 파고가 만만치 않아 보입니다. 그 어느 때보다 혹독한 환경이 펼쳐질지도 모른다는 위기감도 감돕니다. 그러나, 오랜 시간 우리가 경험적으로 알고 있는 것도 있습니다. 투자 시장은 항상 도전과 응전을 통해 발전해왔다는 사실입니다. 위기가 클수록 기회도 커집니다. 혼란한 지금 이 시기는 바꿔 말하면 가장 큰 도전과 기회의 시간입니다. 마음의 준비를 단단히 하고 총알을 챙겨서 언제든 기회가 오면 재빨리 낚아채야 합니다. 혼자 하기 어렵다면 주위의 도움을 받아도 됩니다.

　제가 여러분들에게 그런 나침반 역할을 할 수 있다면 정말 감사한 일일 것입니다.

대한민국 부동산 투자 시장에서 성공하고 싶은 모든 이들에게 이 책을 바칩니다.

정인부동산그룹㈜ 대표이사

박준연

목차

2부 주택 : 투자를 바라보는 새로운 관점

목차

3부 상업용 부동산 : 투자의 대세

4부 마인드 세팅 : 생각 바꾸기

우리가 알던
부동산 투자는 끝났다!

시간이 부를 만들던 시대와
작별하라

과거 50년간의 압축 고도성장은 이제 더 이상 오지 않는다.

압구정 현대아파트와 은마아파트

대한민국 근현대사 속에서 강남 부동산이 어떻게 '대폭발'했는지 보여주는 두 개의 사례가 있다. 압구정 현대아파트, 그리고 대치동 은마아파트다. 부동산에 관심이 많지 않은 사람이라도 뉴스에 자주 등장하니 한 번쯤은 들어봤을 아파트다. 현재 두 아파트는 재건축 이슈로 강남을 넘어 대한민국 부동산 시장의 뜨거운 감자가 되고 있다.

압구정 현대아파트가 분양할 당시 신문 광고를 살펴보자. 1976년 입주했으며, 분양 광고에 온통 한자로 쓰인 것으로 봐서 그때 시대 분위기를 짐작할 수 있다. '제3한강교 현대아파트 3차 분양 개시'라는 제목과 '도심 속의 자연과 기술의 조화'라는 문구가 눈에 띈다. 제3한강교는 지금의 한남대교를 부르던 말로, 당시에는 한남대교가 개통한 지 얼마 되지 않은 시점이었다. 당시 서울 강북과 강남을 직통으로 연결하는 한강 다리의 개통은 엄청난 교통 호재였다. 압구정 현대아파트의 30평형 분양가는 865만 원, 60평형은 1,770만 원으로 그 시절에 비춰봐도 절대로 싸지 않은 가격이었다.

〈압구정 현대아파트의 1970년대 분양 광고〉

여기서 한 가지 짚고 넘어가야 할 것이 있다. 언젠가 만났던 한 투자자가 "50여 년 전 9,500만 원에 80평형을 분양받았다"는 이야기를 들려준 적이 있다. 1970년대 분양 공고에 나온 분양가는 1,770만 원인데 다섯 배가 넘는 분양가를 주고 입주했다니 이상하게 느껴질 수 있다. 이런 상황을 이해하려면 당시의 시대 분위기를 고려할 필요가 있다.

당시 아파트 분양은 현장 추첨으로 진행되었다. 완전히 아날로그 방식이었다. 분양에 당첨되면 엄청난 이익을 볼 수 있어 당시 아파트 분양 현장은 투기꾼의 온상이기도 했다. 당첨권은 그 자리에서 P(프리미엄)를 붙여 되팔 수 있었는데 현장에서 수백, 수천만 원의 P가 붙어 되팔렸다. 강남의 인기 아파트 분양 현장이었다면, 당첨되는 순간 서울의 저렴한 아파트 한 채가 덤으로 딸려오는 셈이었다. 그렇게 분양 아파트의 손바꿈이 이루어지는 과정에서 가격이 수식 상승했으리라는 짐작이 가능하다. 공식적으로는 1,770만 원 분양된 아파트가 실제 입주자에게 팔린 가격이 9,500만 원이라는 것은 지금보다 훨씬 더 심각한 수준으로 투자 광풍이 불었다는 의미다. 물론 강남의 일부 지역과 일부 특수층에게서 벌어진 '그들만의 리그'였던 시절의 이야기다.

450배가 오른 압구정 현대아파트

이 아파트가 분양 후 48년이 지난 지금은 재건축을 앞두고 있다. 현재 이 아파트의 예상 매매 가격은 80억 원 선이다. 호가는 95억 원을 웃돈다. 전문가들은 100억 원으로 어림잡기도 한다. 현재 재건축 문제가 얽혀 있어 실제 거래가격 확인이 쉽지 않지만, 매매가격을 80억 원이라고 잡았을 때 분양가격 1,770만 원에서 시작해 48년 만에 450배가 오른 것이다. 매해 평균 20% 이상 가격이 상승한 셈이다. 48년간 연평균 20% 이상의 수익률을 낼 수 있는 투자처는 흔치 않다. 당시 분양받은 주민이 지금까지 소유하고 있다가 되판다고 가정하면 장기보유특별공제 80%를 받을 수 있어 매각대금 대부분을 손에 쥘 수 있었다. 투자와 관련된 구체적 활동 없이도 막대한 수익을 얻는 것이다. 시간이 부를 만들던 시대였기에 얻을 수 있는 행운이었다.

안타깝게도 같은 시대 같은 서울 하늘 아래 살았다고 모두 이런 혜택을 누리지는 못했다. 강남에 살거나 강남으로 이주한 '선택받은 소수'만이 경험한 부의 수직 상승이었다. 서울 외곽과 변두리, 지방에 사는 사람들은 이런 세상이 있다는 것을 감지조차 하지 못했다. 지금처럼 정보가 광범위하게 소비되지 못하던 시절이었기 때문이다.

은마아파트는 어떨까?

압구정 현대아파트를 일반 사례로 들기에는 부적절하다는 지적이 있을 것 같으니, 조금 더 대중적인(?) 아파트를 살펴보겠다. 1979년도에 입주한 대치동 은마아파트라면 어떨까? 압구정 현대아파트보다 3년 늦은 시점에 입주했으며 30평대 분양가는 2,092만 원이다. 압구정 현대아파트 30평대 분양가 865만 원과 비교하면 3년 만에 건설사 공식 분양가가 5배 넘게 오른 것이다. 이런 분양가 급상승은 당시 강남의 아파트 가격이 하루가 다르게 뛰어올랐다는 것을 보여주는 증거이기도 하다.

2023년 현재 은마아파트의 가격은 얼마일까? 전용면적 31평의 2023년

〈압구정 현대아파트 vs 대치동 은마아파트 상승세 비교〉

	압구정 현대아파트 전용면적 60평형	대치동 은마아파트 전용면적 31평형
사용승인일(입주 시기)	1976년	1979년
사용기간	48년	45년
분양가	1,770만 원	2,092만 원
분양시점 평(㎡)당 가격	29만 원	67만 원
현재 가격(2023년 매매가격 기준)	80억 원	21억 원
2023년 현재 평(㎡)당 가격	1억 3,000만 원	6,700만 원
분양가 대비 가격 오름폭	450배 증가	100배 증가

출처 : 저자 작성

매매가격은 21억 원 선이다. 분양 시기부터 지금까지 계속 보유했다면 세금을 제외해도 어림잡아 20억 원 이상을 손에 쥘 수 있다.

앞의 자료를 보면 지난 48여 년간 압구정 현대아파트는 450배가 뛰었고 은마아파트도 100배 넘게 올랐다. 물론 이런 수치는 우리 피부에 잘 와닿지 않는다. 이를테면 이런 질문 앞에서 그렇다.

"지금 압구정 현대아파트를 100억 원 주고 사면 앞으로 1,000억 원이 될 수 있을까? 그래봤자 10배 오르는 가격인데?"

100배가 오른다고 상상하면 1조 원이다. 허탈한 비교라는 것을 알 수 있다. 그런데 놀랍게도, 생각보다 많은 사람이 '그때도 그랬던 것처럼 앞으로도 그럴 것이다'라는 막연한 기대를 하고 있다. 1,000억 원까지는 아니어도, 엄청난 시세 상승을 기대하며 지금도 이 아파트를 매수하기 위해 애를 쓴다. 그러나 투자라는 중요한 결정 앞에서 기대감에만 끌려다녀서는 좋은 결과를 기대하기 어렵다. 시대가 바뀌고 있고, 변화 속도 또한 무척 빠르기 때문이다.

지금 100억 원을 주고 산 아파트의 미래 시세를 예측하지 못한다면 투자는 나락으로 갈 수 있다.

대한민국 부동산 투자의 역사

지난 50여 년간 부동산 이슈는 전 국민이 이목을 집중하는 초미의 관심사였다. 부동산, 특히 아파트를 통해 돈을 벌겠다는 전국민적 열망은 지금도 사그라지지 않고 있다. 우리나라의 부동산 이슈는 왜 항상 뜨거운 감자일까? 역사를 모르는 민족에게는 미래가 없다는 거창한 말을 꺼내지 않아도, 대한민국 부동산의 역사를 짚어보지 않으면 현재 상황을 진단하고 미래를 예측하기 어렵다. 향후 미래 부동산 시장을 알고 싶다면 폭풍처럼 전개되었던 과거 우리나라 부동산 역사를 되짚어볼 필요가 있다. 어떻게 연평균 20%의 투자 수익률이 날 수 있었는지 궁금하지 않은가.

한국은 지난 수십 년간 고도의 경제 성장을 기록했다. 경제가 성장하면서 부동산 수요가 증가했고, 수요가 증가하면 가격 역시 지속적으로 상승했다. 전 세계에서 유래를 찾기 어려울 만큼 빠르고 높은 경제 성장이 현재 대한민국 부동산의 가격을 끌어올린 일등 공신이라고 말할 수 있다.

하지만 경제 성장만으로는 현재의 높은 부동산 가격을 설명하기는 어렵다. 집값 상승에는 여러 가지 다양하고 복잡한 요인과 원인이 숨어 있기 때문이다. 역사적인 맥락으로 살펴보면, 부동산 가격이 수직으로 상승한 시기로 정책 부서나 관련 행정 기관들, 그리고 그 주변인 사이로만 은밀히 퍼져나갔다. 일반인 중에서도 투자에 관심 있던 이들도 있긴 했으나, 숫자로 따지면 극소수에 불과했다. '투기꾼'이 기승을 부렸으며, 지금은 거의 사라진 '떴다방'이 전성기를 누리던 시절이었다.

정보 불균형의 시대

한 번 상상해보자. 그 시절 서울 변두리나 지방 등 투자의 변방에 있는 보통 사람들은 아파트 분양 정보를 어떻게 접했을까? 우선 종이 신문으로 분양 광고를 확인하는 방법이 있을 수 있다. 조선일보나 동아일보 등이 주요 대상이었을 것이다. 텔레비전이나 라디오를 통해 관련 뉴스를 들을 수도 있었다. 하지만 '아파트가 분양하는구나' 하는 정도의 팩트 체크 수준이었을 공산이 크다. 지방에 사는 사람들, 특히 벽촌 시골에서는 신문 구독도 쉽지 않았으므로 서울에서 벌어지는 부동산 투자 상황을 전혀 인지하지 못했을 수도 있다.

반면 부동산 투자에 조금이라도 관심 있는 사람들은 일일이 발품을 팔아 현장을 찾아다니며 정보를 수집해야 했다. 부동산 중개사무소를 통하거나 인맥을 찾는 것이 중요했다. 이때 부지런한 것은 필수고, 공격적인 투자 성향도 필요했다. 당시 '복부인'이라고 불리던 사람들이 대표적이었다. 복부인은 일찌감치 투자에 눈 뜬 부류로, 당시 아파트 투자 광풍의 시기에 투자를 진행해 대한민국 부동산 시장을 견인하던 세력이었다. 물론 이들에게는 '투기꾼'의 이미지가 강했다. '강남 아파트 투자 = 부동산 투기'라는 등식은 1980년 중후반 국내 부동산 투자 역사에서 자랑스럽지 못한 단면이기도 하다.

혼자서 아파트 2,000채 보유가 가능할까?

뉴스에서나 보던 큰 손에 대한 실체를 확인한 적이 있었다. "가족이 한때 아파트 2,000채를 소유했다"는 투자자 사례다. 지금이라면 상상할 수 없지만 1980년대라면 한 사람이 아파트 2,000채를 소유하는 것이 어렵지 않을 수도 있다. 당시는 지금처럼 규제나 세금 정책이 꼼꼼하지 않던 시절이다. 타인의 이름을 빌려서 분양받는 사례도 많았으니, 청약 자격 등의 조건은 그저 명분이었을 수 있다.

아파트 수십 채를 한 명이 분양받는 일도 가능했다. 업계에서는 건설사와 협상해 통째로 한 동을 매입했다는 이야기가 전설처럼 내려온다. 강남에서 부동산 컨설팅을 하다 보면, 이처럼 상상할 수 없는 수준의 엄청난 자산을 축적한 이들과 관련된 이야기를 많이 들을 수 있다. 문제의 2,000채 소유주는 88올림픽이 끝날 즈음 국내의 모든 부동산 자산을 처분하고 해외로 이민을 떠났다고 전해진다. 하지만 그 투자자의 실체는 정확히 드러난 바가 없다.

아파트 시장에만 큰손이 존재하는 것은 아니다. 상업용 건물에서도 비슷한 이야기가 있다. 선릉역 인근에 통째로 비어 있는 빌딩 3채가 있다. 임대도 하지 않고 신축도 하지 않아 '귀곡산장' 같은 분위기를 풍기지만 가격으로 따지면 어마어마한 빌딩들이다. 선릉역 인근은 오피스 수요가 많은 지역이다. 조금이라도 빈 땅이 있으면 건물이 들어서는 서울의 핵심 요지인데, 어떤 이유로 이 빌딩들이 텅 빈 채 방치되는지는 궁금하지 않을 수 없다.

오늘의 강남 개발을 주도한 1970년대의 최고 권력자, 그 권력자의 측근으로 지목되는 P가 이 건물의 소유주로 알려졌다. 건물뿐 아니라 현재 강남 인근에 '대체 이 땅은 왜 개발을 하지 않을까?' 싶은 버려진 금싸라기 땅의 소유주도 동일인일 것으로 짐작된다. 최고 권력자가 사망한 이후 지금까지 P가 이 빌딩을 소유하고 있는데, 무슨 연유에서인지 개발도, 투자도 하지 않은 채 그저 놔두고만 있다. 한때 텔레비전 시사 프로그램에도 등장했을 만큼 화제였으나 지금은 서서히 잊혀지고 있다. 누군가 이 부동산의 존재가 세상에서 잊히기만을 기다리고 있다는 상상도 가능하다.

이처럼 대한민국 근현대사에서 강남을 배경으로 한, 소설 속에나 등장할 법안 스토리와 인물들이 실제로 존재한다. 1970년대부터 시작된 강남 땅 투기의 역사는 우리가 상상할 수 없는 어마어마한 부동산 부자를 만들어낸 시기였다.

최초의 부동산 폭락기

20여 년 가까이 단 한 번도 추락하지 않고 오르기만 했던 대한민국 부동산이 드디어 꺾였다. 1997년 IMF 때였다. 당시 반값 아파트가 부지기수로 등장했다. 10억 원 하던 아파트가 2억 원의 매물로 등장하는 일도 벌어졌다. 숨 가쁘게 성장만 해오다 맞닥뜨린 최초의 경제 공황이었으며, 사람들은 패닉에 빠졌다. 당시 사람들의 유일한 자산이라고 할 수 있는 '집 한 채'를 비롯해 모든 실물 자산 가격이 곤두박질쳤다. 실업자는 폭증했으며 금리는 20%에 육박했다. 당시 액면분할 하기 전 삼성전자 주식이 3만 원이었으니 말 다했다. 하지만 놀랍게도 IMF를 2년 만에 졸업하면서 한국 경제는 다시 도약의 발판을 마련했다.

인터넷 대중화로 투자 개념이 확산되다

IMF는 대한민국 경제 체질을 완전히 뒤바꿔 놓았다. 이후 2000년대에 들어서 전 국민이 부동산 투자 광풍에 휘말리는 현상이 시작되었는데, 이는 인터넷의 대중화 덕분이었다. 인터넷이 보편적인 정보 전달 매개체로 등장하면서 투자 정보가 완전히 공개되는 발판이 마련되었다. 언제 어디서든 손쉽게 부동산 정보를 손에 쥘 수 있게 되면서 일반인 투자 수요가 몰려들기 시작했다.

지금도 기억나는 것이 있다. 2000년대 초반에 펀드 투자 붐이 일었는데, 미래에셋증권이 등장해 일반인들 사이에 주식 투자 붐을 일으켰다. 회사원들은 상사의 눈을 피해 사무실에서 온라인으로 주식을 거래했고, 평범한 일반인들은 주식, 펀드 등 주식 간접 상품에 가입하기도 하며 주식이 온 국민의 투자 상품으로 등극했다. 그전까지만 해도 주식 투자는 증권사 객장에 나가 앉아 주문과 매도를 해야 했다. 실제 오프라인에서 시간과 노력을 투자해야 하는 행위였던 것이다. 그러나 인터넷 주식 거래가 시작되면서 온라인 매매라는 획기적인 전환이 이루어졌고 누구나 손쉽게 주식을 팔고 살 수 있게 되었다. 동시에 투자에 대한 개념도 대중화되었다. 노동력을 투입해야만 얻을 수 있는 근로 소득 대신, 일정한 자산을 투입해 얻는 '투자 소득'에 대한 매력을 알게 된 것이다. 자본 투자로 돈을 벌 수 있다는 새로운 세상에 눈뜬 이들이 늘어나면서 대한민국의 투자 시장은 점점 커졌다.

부동산 투자 대중화의 시대

부동산 투자 시장도 마찬가지였다. IMF 당시 부동산 자산이 반값으로 떨어졌지만 2년 만에 졸업하고 경제 활황기를 맞으면서 다시 부동산 가격이 수직으로 상승했다. 인터넷의 발달이라는 촉매제를 등에 업고, 부동산 정보의 대중화에 힘입은 것이다.

그전까지만 해도 압구정 현대아파트에 관심이 있다면 직접 발품을 팔아서 압구정동이나 인근 지역 부동산 중개사무소를 찾아가 물어봐야만 했다. 하지만 인터넷이 있으니 검색을 통해 거래가격, 매물 정보를 손쉽게 손에 넣게 되었다. 정보의 민주화가 투자의 대중화를 열어젖힌 것이다. 투자 뉴스가 전 국민에게 실시간 공유되면서 실증적 사례도 곳곳에서 등장했다. '내가 아는 누구누구가 ○○○아파트를 사서 몇억 원을 벌었더라' 하는 이야기가 쏟아져 나왔다.

더욱 중요한 것은 사람들의 현실 인식이었다. IMF 때 실직당하거나 사업이 망하는 것을 처음 경험한 사람들이 '한가하게 월급쟁이만 하고 있으면 안 되겠다'라고 생각한 것이다. 실제로 투자에 뛰어드는 인구가 폭증하기 시작했다. 서울의 아파트 개수는 한정되어 있는데, 투자 인구가 10배 이상 늘어났으니 부동산 가격도 천정부지로 치솟기 시작했다. 2006년과 2007년에는 아파트 가격이 최고점을 찍었다. 부르는 것이 값이다 보니 이 그 자리에서 수천, 수억 원이 오르며 아파트 가격은 계속 신고가를 경신해나갔다.

그러다 2008년 서브프라임 모기지 사건이 터졌다. 하지만 IMF로 매를 먼저 맞았던 덕분에 위기는 오래가지 않았다. '학습 효과'가 생긴 것이다. 사람들은 IMF를 지나면서 누군가에게는 혹독한 경제적 위기가 누군가에는 기회가 된다는 것을 눈으로 목격했다. 시장에 위기가 찾아왔다가 경기가 회복되면 그 과정에서 얻는 수익은 보통 때보다 몇 배나 크다. 이제는 위기가 오면 자산가들은 현금을 동원해 부동산 자산을 사들인다. 지금은 '위기가 곧 기회'라는 명제가 대한민국 부동산 시장의 투자 바이블로 통하게 되었다.

연평균 7~8%의 경제 성장률은 과거가 되었다

우리나라 경제 성장과 부동산 투자의 역사는 끈적끈적하게 얽혀 있다. 대한민국 경제는 지난 30년 동안 매년 7~8%대 성장을 이뤘다. 이런 기록은 전 세계에서 유래를 찾기 힘들다. 이 과정에서 '기형적'이고 '투기적'인 부동산 시장도 만들어졌다. 세대 간 부의 쏠림 현상도 가속화되었다. 건설사와 언론사 카르텔, 부의 양극화, 국민 자산의 대부분이 부동산에 묶여 있는 등 풀어야 할 문제도 많다. 그 와중에 코로나19가 터지면서 세계 경제뿐 아니라 국내 부동산 투자 시장이 또 한 번의 폭등기를 겪었다.

최근 대한민국 경제성장률은 2~3%대에 머문다. 심지어 2023년에는 1.5%로 둔화되었다. 선진국으로 진입하면 경제성장률이 둔화되는 것은 어쩔 수 없는 현상이다. 과거 개발도상국 시기처럼 생산성이 높아지기 힘든 구조가 되었기 때문이다. 국내 경제가 저성장 기조에 놓이게 되면서 부동산 시장의 투자 패러다임도 변하고 있다. 앞으로 부동산 가격이 계속 오를 것이라는 기대감은 서서히 약화되고 있다.

짧아지는 부동산 경기 사이클

　대한민국 부동산 역사에서 가격은 지속적으로 우상향해왔다. 하지만 자세히 들여다보면 시기별로 상승과 폭락기를 겪으면서 상승해온 것이 사실이다. 이런 가격 오르내림 현상을 부동산 경기 사이클로 설명하는 이들도 있다. 상승기, 하락기, 대세 상승기 등등 일정한 주기로 부동산 가격이 오르내리는 패턴이 있다고 보는 것이다. 부동산 사이클 이론을 믿는 사람은 과거 경제 공황을 시작으로 글로벌 금융위기 등을 겪는 과정에서 10년 주기로 국내 부동산 가격이 오르고 내렸다고 분석한다.

〈짧아지고 있는 부동산 경기 사이클〉

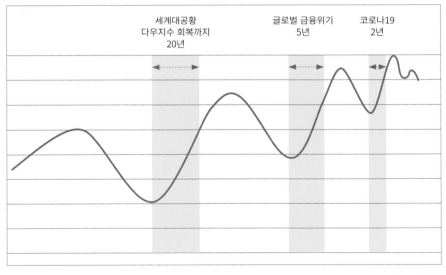

출처 : 저자 작성

　그래프를 살펴보면 1930년대에 벌어졌던 세계 경제 대공황기는 20년간 지속되었다. 하지만 2008년 발생한 글로벌 금융위기는 5년 만에 끝났다. 과거 20년간의 공황 시대에 비교하면 지속 기간이 1/4로 짧아진 것이다. 2020년에 시작된 코로나19 상황은 마무리되기까지는 채 3년이 걸리지 않았다. 글로벌 경제 이슈의 회복주기가 빠른 속도로 변화하고 있음을 알 수 있다. 과거 경제 위기가 닥쳤던 시대는 지금처럼 정보와 교통이 원활하지 못했으므로 진행 속도 역시 느릴 수밖에 없었다. 지금은 어떨까? 우리가 상상할 수 없는 빠른 속도로 문제가 번져나가고, 대응 역시 빨라지고 있다.

2023년 초에 발생했던 미국의 실리콘밸리은행(Silicon Valley Bank) 파산 사건이 좋은 예다. 실리콘밸리은행은 40년간 미국 실리콘밸리 스타트업의 자금줄 역할을 해왔지만, 고객의 예금인출사태로 48시간 만에 무너져내렸다. 미국 은행 역사상 두 번째로 큰 규모의 파산 사태였다.

사건이 시작된 것은 3월 10일 금요일이었다. 주말에 상황을 파악한 미국 정부는 13일 월요일에 고객 예금 전액을 보증하겠다고 발표했다. 과거 같으면 상상도 할 수 없는 발 빠른 대응이었다. 이 사건을 통해 위기가 터지면 순식간에 발화하지만, 위기 대응 시스템 발 빠르게 대처한다는 사실 또한 입증되었다.

부동산 사이클에 맞는 단기 전략이 필요하다

문제는 앞으로 세계 경제 불확실성은 더욱 커질 것이라는 점이다. 정보가 많아지고, 많아진 정보를 수집해 대처 능력이 빨라진 것은 긍정적인 요인이다. 하지만 세계 경제가 다변화되면서 각종 위기 상황들 역시 증가하고 있다.

전쟁, 전염병, 기후 위기 등은 현재 전 세계가 나서서 해결해야 할 위중한 과제이기도 하다.

전쟁을 비롯한 세계 정세와 경기 상황이 언제 어떻게 될지 알 수 없다. 문제가 터지면 빨리 번지고 확산하며, 이를 해결하기 위한 노력도 발 빠르게 이루어진다. 과거처럼 10년 주기설로 부동산 시장을 예측하기에는 한계가 있다. 앞으로 시장은 단기로 움직일 가능성이 크다. 부동산 경기뿐 아니라 세계 경제 상황은 단기 사이클에 대비해야 한다.

인구 절벽이 만들
부동산의 미래

1,500만 명에 이르는 베이비부머가 은퇴하고 있다.
10년 후 이들의 은퇴가 마무리되면 아파트는 누가 사줄까?

베이비부머 시대가 저물고 있다

대한민국의 부동산 시장에서 아파트가격이 계속 오를 수 있었던 요인은
크게 두 가지로 정리된다.

첫째, 지속적인 경제 발전 덕분이었다. 1인당 GDP가 수십 년간 상승했고,
물가도 덩달아 뛰었다. 물가가 오르는 만큼 화폐 가치는 하락한다. 화폐 가
치가 하락하면 부동산과 같은 실물 자산가격이 오르는 것은 기본이다. 물론
물가상승률로만 아파트값 폭등세를 설명하기란 역부족이다. 둘째, 시장 폭
등의 두 번째 요인으로 아파트 구매층 대부분을 차지했던 1,500만 명에서
2,000만 명에 이르는 베이비부머 존재를 살펴봐야 한다.

〈2023년 전국인구추계〉

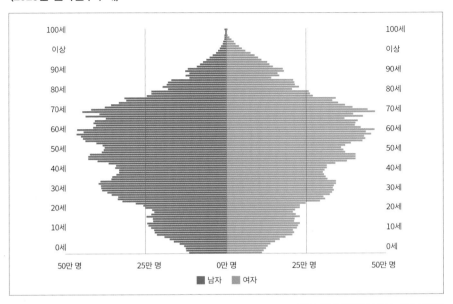

출처 : 통계지리정보서비스, 저자 재구성

한국전쟁 이후 1955년에서 1963년까지 9년 동안 매해 700만 명이 태어났다. 이 시기에 태어난 이들을 가리켜 1차 베이비부머라고 부른다. 1970년에는 100만 명이 태어나 정점을 찍었다. 1974년까지 이런 폭발적인 인구 증가가 지속되었는데, 이들을 2차 베이비부머라 부른다. 1, 2차 베이비부머를 합치면 그 숫자가 1,500만 명을 넘어선다. 어림잡아 1970년대 중후반기에 태어난 이들까지 합치면 2,000만 명에 육박한다. 현재 우리나라를 구성하고 있는 40~60대 2,000만 명의 인구가 지금까지 부동산 시장을 떠받쳐온 주요 수요층이었을 것이라는 짐작이 가능하다.

베이비부머와 부동산

베이비부머는 대한민국 경제 성장기와 함께 우리나라 부동산 열풍을 함께 이끌어온 주인공들이다. 지금도 이들 중 일부는 여전히 활발한 경제 활동을 하고 있다.

베이비부머가 왕성한 경제활동을 하던 1990년대에서 2000년대까지만 해도 서울에는 살 집이 부족했다. 사람들이 일자리를 찾아서 서울로 몰려들었고, 결혼과 출산을 통해 인구가 폭증하면서 주거 문제가 불거질 수밖에 없었다. 단순한 논리로, 매년 100만 명이 태어나고 1년에 50만 쌍이 결혼한다고 가정하면 한 해 50만 채의 집이 필요하다. 노태우 정부 시절 주택 200만 호 건설이라는 화두가 등장한 것은 어쩌면 당연한 결정이었을 것이다. 집이 필요한 사람이 워낙 많으니 짓기만 하면 수요는 충분히 뒷받침되었던 시기이기도 하다.

아파트가 보편적인 주거 형태로 자리 잡게 된 것도 이때부터다. 2000년대까지만 해도 서울에는 아파트보다 주택이 많았다. 하지만 아파트가 대중화되면서 상황이 역전되었다. 현재 우리나라 인구의 반이 넘는 사람들이 아파트에 살고 있다.

베이비부머가 주택만 소비한 것은 아니었다. 교육, 해외여행, 명품 구매 등 다양한 품목에 앞다퉈 소비했다. 이들의 왕성한 구매력 덕에 대한민국 경제 역시 나날이 커질 수 있었다.

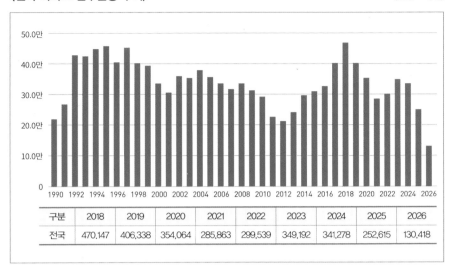

〈전국 아파트 입주물량 추이〉 (단위 : 세대)

구분	2018	2019	2020	2021	2022	2023	2024	2025	2026
전국	470,147	406,338	354,064	285,863	299,539	349,192	341,278	252,615	130,418

출처 : 한국부동산원, 저자 재구성

똑똑한 한 채, 다운사이징을 대비하라!

막강한 소비력과 경제력을 갖춘 베이비부머가 지금까지도 한국 경제를 견인해가고 있는 것이 사실이다. 하지만 문제는 이제부터 불거진다. 일반적으로 대한민국 노동시장에서 55세가 넘으면 은퇴가 시작된다. 베이비부머의 마지막 세대인 1975년생이 55세가 되는 시점이 2030년이다. 이때를 기점으로 1,500만 명에서 2,000만 명에 이르는 베이비부머가 경제 일선에서 물러난다. 노동 소득이 사라지면 연금 등에 의존해 100세 시대를 살아가야 한다. 베이비부머가 소비 수준과 자산 규모를 줄일 가능성이 높다.

최근 부동산 상담을 위해 사무실을 찾아오는 60대 중후반 투자자들의 가장 큰 화두는 부동산 다운사이징이다. 그동안 서울의 집값이 많이 올랐으므로 살고 있던 집을 처분해 작은 규모의 집 한 채를 마련하고 나머지 차액으로 노후 생활을 이어가겠다고 계획하는 것이다. 주택의 다운사이징은 이미 점차 시작되고 있다. 서울이나 수도권을 벗어서 경기도나 외곽, 심지어 지방으로 거처를 옮기려는 사람도 많다. 생활비가 적게 들고, 자연을 벗삼아 유유자적 살고 싶다는 바람을 피력하며 이사 계획을 잡는다.

이들이 보유한 아파트 크기와 숫자를 줄이는 다운사이징에 들어가면 지금까지 지어온 수많은 아파트는 누가 받아줄 수 있을지 궁금해진다. 주택은 지금까지도 화두가 될 만큼 넘치게 공급되고 있다. 토지 개발을 통한 신축 아파트 공급뿐만이 아니다. 최근의 각종 재개발, 재건축으로 기존 세대보다 훨씬 더 많은 수의 재건축 새 아파트가 공급되고 있다. 이렇게 아파트는 지속적으로 늘어나는데 그 많던 수요를 담당해왔던 베이비부머가 슬슬 시장에서 떠날 준비를 하고 있다? 그렇다면 미래 부동산 시장에서 아파트로 돈 벌고 싶다면 베이비부머가 빠져나갔을 때 어떤 수요가 이를 뒷받침해줄 수 있을지 반드시 확인해야 한다.

인구가 급격히 줄고 있다

한때 1년에 100만 명이 태어났지만, 지금은 25만 명으로 쪼그라들었다. 매년 태어나는 아기의 숫자가 1/4로 줄어든 것이다. 지방은 아예 인구가 소멸할 위기라며 아우성이다. 앞으로 25년 후 예상되는 인구 구조를 살펴보자.

〈1970~2022년 출생아 수 변화〉

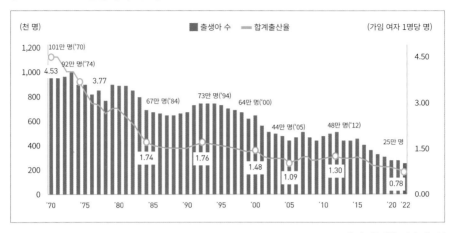

출처 : 통계청, 저자 재구성

〈2050년 예상 전국인구추계〉

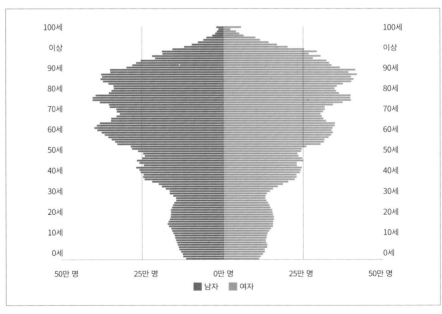

출처 : 통계지리정보서비스, 저자 재구성

인구 구조 그래프를 보면 2050년에는 아래 세대가 윗세대를 떠받치고 있는 구조로 변한다. 인구의 급격한 변화는 이미 오래전부터 분명하게 예측되어 온 사실이다. 이런 구조에서는 여러 가지 사회 문제가 발생한다. 인구가 줄면 노동 공급이 감소하고, 수요가 줄면서 잠재 경제성장률을 끌어내린다. 지금 우리가 유지하고 있는 각종 정책과 제도는 인구가 증가하던 시기에 맞춰 계획된 것이 대부분이므로, 각종 사회경제 시스템의 변화도 불가피하다. 한마디로, 지금까지와는 전혀 다른 세상이 펼쳐질 것이 분명하다.

〈대한민국 전·후반기 20년간 인구 규모 비교〉 (단위 : 명)

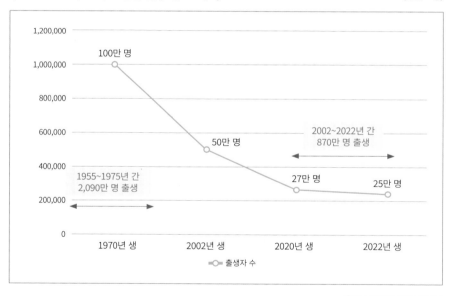

출처 : 통계청, 저자 재구성

1955년에서 1975년까지 20년간 2,090만 명이 출생했고, 2002년에서 2022년까지 20년간 870만 명이 태어났다. 2,090만 명이 떠받치고 있던 경제 규모가 870만 명의 경제 규모로 줄어든 것이다.

부동산 시장은 이런 인구 구조의 직격탄을 맞을 확률이 높다. 주택 가격에는 다양한 요인이 영향을 미치지만, 인구 감소는 그중에서도 가장 큰 변수로 꼽힌다. 전체 시장 파이를 놓고 봤을 때 수요 자체가 줄어든다는 의미이기 때문이다. 제아무리 입지 좋고 교통 좋고 학군 좋은 아파트를 가지고 있어도 미래 주택 수요가 큰 폭으로 감소하는 상황을 웃으며 반길 수는 없을 것이다. 하지만 부동산 시장 파이 자체가 줄어드는 것은 거스를 수 없는 시대적 상황이다.

사람들의 착각(고가 아파트 수요층은 한정되어 있다)

사람들은 아파트 가격이 하락할 수 있다는 사실을 외면하고 싶어 한다. 대부분이 시장 참여자들, 즉 아파트 보유자이기 때문이다. 나의 자산이 올라주기를 기대하는 것은 보편적인 인간의 심리다.

대한민국에서 아파트 가격은 긴 시간을 놓고 보면 지속해서 올라왔다. 또한 지금까지 그랬던 것처럼 앞으로도 그럴 것이라고 믿고 있다. 특히 교통, 학군 등 입지가 좋은 아파트에 대한 맹신에 가까운 믿음이 있다. 대표적인 예가 강남권 아파트다.

15년 후 강남 A아파트가 재건축되었다고 가정해 보자. 기존에 4,000세대였던 아파트의 규모를 20% 늘려 5,000세대로 신축한다. 강남 특성상 수요는 있게 마련이다. 낡고 오래된 구축 아파트에서 신축 아파트로 이주하는 강남권 이동 수요가 많을 것이다. 여기에 더해 강남 외부에서 강남 안으로 들어오려는 수요층도 있을 것이다. 새로 신축된 강남 A아파트는 기존과 비교하면 1,000세대가 늘어났지만 대부분 채워질 것으로 예상된다. 여기에서 문득 의문이 생긴다. 그렇다면 이들이 기존에 살던 아파트는 누가 받아줄까? 강남 신축 아파트에 입성할 수 있는 사람이라면 기존에 살던 집의 가격대도 만만치 않을 것이다. 30억 원 하는 신축 아파트에 입주하려면 보편적으로 20억 원 하는 아파트에 살아야 큰 무리 없이 옮겨올 수 있다. 하지만 20억 원 아파트를 살 수 있는 일반 수요층은 생각보다 그리 많지 않다.

기존 세대에 더해 추가로 세대 수를 늘리는 재건축 아파트는 지금 재건축

〈분기별 전국 아파트 매매가격대별 거래비율 추이〉

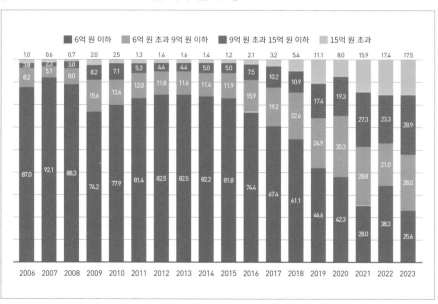

출처 : 국토교통부 실거래가(계약일 기준), 저자 재구성

현장에서 많이 찾아볼 수 있다. 계속해서 좋은 입지의 아파트를 더 비싸게 분양하는 것이 요즘 추세다. 그 많은 베이비부머가 은퇴한 후 다운사이징에 접어드는 시기에, 수십억 원 하는 고가 아파트가 계속해서 늘어난다고? 고가 아파트가 지속적으로 증가하면 그걸 받아줄 수요층 역시 계속 증가해줘야 마땅하다. 하지만 인구가 반토막이 나는 상황에서 기존의 강남권 고가 아파트를 받아줄 미래 수요층이 충분한지는 현재로서는 장담할 수 없다.

부자가 많다는 사람들의 착각

2023년 통계청이 발표한 대한민국 가구당 평균 자산은 5억 2,727만 원이고, 부채는 9,186만 원이며, 가구당 연평균 소득은 6,762만 원이다. 자산에서 부채를 뺀 순자산은 4억 3,540만 원이다. 순자산은 자기 재산에서 빚이나 차입금 등을 제외하고 남은 집, 차, 현금 등의 재산 총합을 의미한다. 쉽게 말해 대한민국 평균적인 가구의 재산이 5억 원 남짓하다는 이야기다.

이런 발표가 나올 때마다 의아해하는 사람들이 있다. 주변을 둘러보면 다들 서울에 집 한 채씩은 있는데, 어떻게 순자산이 그것밖에 안 되냐고 이상하다고 말한다. 사람들은 자기 주변만 바라보고 판단하는 경향이 있다. 고가 아파트에 사는 사람들은 대부분 '나와 비슷하게 사는' 주변 사람들을 바라보고, 그 사람들을 사회의 주요 구성원으로 여길 가능성이 높다.

20~30대 직장인이 많이 오가는 서울의 길거리 한복판에서 '연봉이 얼마냐?'고 묻는 유튜브 콘텐츠가 있다. 장소에 따라 다르지만, 대부분 3,000만 원에서 4,000만 원이라고 대답한다. 20~30대는 대부분 사회 초년생일 확률

이 높다. 이들이 대한민국에서 세금 제외하고 벌어들일 수 있는 한 달 소득은 200~300만 원 남짓하다고 예상할 수 있다.

대한민국에서 대기업에 종사하는 사람들의 숫자는 전체 생산 활동 인구의 10%에 불과하다는 조사 결과가 있다. 베이비부머로만 한정시키면 비율은 이보다 훨씬 낮다.

대한민국 상위 1%의 재산은 얼마나 될까? 통계에 따르면 부채를 제외한 순자산이 29억 원이면 상위 1% 안에 든다. 순자산 29억 원 이상을 보유한 대한민국 상위 1%의 가구수는 21만 가구다. 강남구를 비롯해 서초구, 송파구 등 강남 3구의 아파트 수는 약 33만 채다(2021년 기준). 대부분의 강남권 아파트 소유자는 상위 1% 안에 들어갈 확률이 높다. 그렇다면 강남과 용산, 성동 등 값비싼 아파트가 많은 지역을 제외하면 순자산 29억 원 이상의 가구는 그리 많지 많을 것이라는 추측도 가능해진다.

결론적으로 30억 원에 가까운 고가 아파트를 소유하거나 구매할 수 있는 대한민국 가구 비율은 1% 남짓하다. 이 숫자마저도 앞으로는 줄어들 수밖에 없는 인구 구조다. 그런데 시장에는 계속해서 더 많은 고가 아파트가 공급되고 있다. 강남뿐 아니라 성동구, 용산과 한남, 여의도에 엄청난 수의 재건축 아파트가 줄줄이 대기 중이다. 수요는 줄어드는데 공급이 늘어난다면 어떻게 될까? 예상되는 시나리오는 하락 장세에 가깝다.

1인 가구 증가와 서울 집중화로 해결할 수 있을까?

'인구 감소로 인해 주택 수요가 줄어드는 것은 필연적이다'라는 주장은 종종 시장에서 거부당한다. 언론, 특히 부동산 소유자들은 이런 이야기 자체를 싫어한다. 반박하는 이들이 자주 꺼내는 논리가 가구수 증가다. 인구가 줄더라도 혼자 사는 가구가 늘어나기 때문에 주택 수요량에는 큰 변화가 없다는 이야기다. 지방 인구가 계속해서 서울 집중되는 현상도 1인 가구 증가를 뒷받침한다고 주장한다.

지방 인구가 서울로 모여드는 상황은 어제오늘 이야기가 아니다. 한국이 근대화될 때부터 50여 년간 지속되어 온 현상이다. 최근에는 지방 인구가 급격히 줄어들어 서울 집중화 현상이 더 커지는 것도 사실이다. 하지만 현재 서울의 인구수는 계속해서 감소하고 있다. 한때 1,000만 명을 넘었던 서울 인구가 2023년 현재 965만 명을 기록하고 있다. 이 추세로 가다가는 800만 명도 머지않았다는 자조 섞인 목소리가 나올 정도다. 지방에서 서울로 집중되는 현상이 심해져도 인구 자체가 줄고 있으니 당연한 결과다.

물론 통계를 살펴보면 1인 가구수는 가파르게 증가하고 있는 것이 사실이다. 2017년 전체 가구 중 28.6%를 차지하던 1인 가구는 2022년 34.5%로 증가했다. 가구수로는 750만 가구가 넘는다. 인구가 줄어도 가구수가 증가하기 때문에 주택 수요는 충분하다는 이들의 주장이 일견 맞는 것처럼 들릴 수 있다.

〈1인 가구 추이/연령별 비중〉

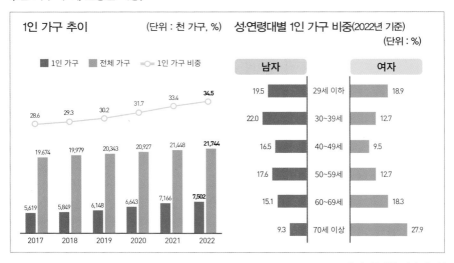

출처 : 통계청, 저자 재구성

　　1인 가구수 증가로 주택 수요가 꾸준할 것이라는 주장에는 두 가지 함정이 존재한다. 우선, 우리나라에서 짓는 대부분의 아파트 면적이 1인 가구가 살기에는 부담스러운 규모다. 전용면적 84㎡를 국평(국민 평형)이라고 부르는데, 대한민국 가족 평균 4인 수에 맞춰진 크기다. 실제로 1인 가구가 사는 평균 주거면적을 살펴보면 이보다 훨씬 작은 집에서 산다. 2021년 통계를 살펴보면 1인 가구 절반 이상은 주거면적 12평(40㎡) 이하에 살고 있다. 물론 1인 가구 중에서도 소득이 높거나 취향에 따라 넓은 집에 사는 것을 선호하는 이들이 존재할 수 있다. 하지만 전체 1인 가구에서 이들이 차지하는 비중은 극소수에 불과하다. 대부분은 10여 평 남짓한 집에서 혼자 살고 있다.

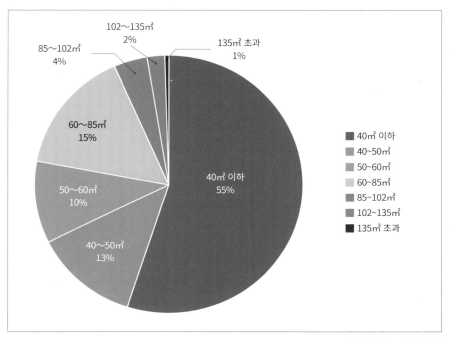

출처 : 통계청, 저자 재구성

나 홀로 좁은 집에 산다

1인 가구가 평균 14평 규모의 집에 산다는 것도 통계에 불과하다. 실제로 20대 청년의 경우 대부분 5~6평 남짓한 원룸에서 생활하는 경우가 많다. 이들을 위해 정부에서는 꾸준히 1인 가구를 위한 전용 주거 시설을 짓고 있다. 오피스텔, 도시형생활주택, 청년임대주택 등이 대표적이다. 바로 이 부분에서 두 번째 함정이 존재한다. 이런 1인 거주 시설은 정부의 공식적인 주택 공급 통계에 잡히지 않는다.

아파트 수요 공급과 관련된 이야기가 나오면 항상 등장하는 것이 '공급

부족'이라는 화두다. '매년 수십만 호의 신규 주택이 필요하다'라고 언론과 건설사들이 주장하는데, 이 주장에 인용되는 '신규 주택 공급 수'에는 1인 가구를 위해 지어지는 수많은 주거 형태는 제외된다. 오피스텔이나 생활용 숙박시설은 상업용 부동산으로 분류되어 공급 주택 수에서 제외된다. 도시형 생활주택과 청년임대주택 역시 공공임대주택으로 구분되기 때문에 공급 주택 수에서 빠진다. 일반적으로 추산하는 민간 분양 주택 수에 포함되지 않는 작은 규모의 주거 시설이 이렇게 많다. 하지만 시장에서 공급이 부족하다며 발표하는 숫자에는 1인 가구용 주택 공급분이 빠져 있어 집을 적게 짓는 것처럼 보이는 착시 현상이 발생한다. 1인 가구가 증가하면서 주택 수요 역시 증가할 것이라는 시장 논리는, 실제적으로는 전혀 다른 기준과 잣대를 들이댄 통계의 오류라고 볼 수 있다.

서울의 미래 vs 지방 소멸론

서울의 미래를 보려면 지방을 살펴보면 된다. 이미 지방에서는 인구 감소로 인한 다양한 문제점들이 실제로 드러나고 있으며, 그 심각성은 계속해서 커지고 있다.

지방은 대도시 몇 군데와 일부 산업도시를 제외하면 '소멸론'이 나오고 있을 정도다. 자연적인 인구 감소뿐 아니라 젊은 층의 서울 수도권으로 이동비율은 전례 없이 높아지고 있다. 지방 소멸은 소비 활동 위축, 생산 감소 등 연쇄반응을 일으키며 지역 경제의 쇠퇴를 가져온다. 지방 경제 쇠퇴는 다시 전체 지역 경제로 확산되며 악영향을 미친다. 경제 악화는 다시 저출산을 가속시킨다. 이런 현상들이 꼬리에 꼬리를 물고 이어진다. 전체 대한민국으로 번져 나갈 잠재적 문제들이다.

지방 위기론의 실체를 극명하게 보여주는 곳이 지방 중소도시의 아파트 단지다. 이곳에 들어가 살 사람이 없어지자 아파트 가격이 계속 내려가고 있다. 땅값보다 더 싸게 나오는 매물도 많다. 수십 년 전 인기리에 분양되었던 주공아파트의 경우 이런 상황이 심해지고 있다.

서울 재건축 아파트의 인기가 하늘 높은 줄 모르고 치솟을 때 지방 아파트는 나락으로 빠져들고 있다. 겉으로 보기에는 지방 아파트가 점유한 땅이 넓어 사업성이 꽤 좋을 것으로 보인다. 하지만 재건축은 꿈도 꾸지 못한다. 최근에는 건축비까지 치솟고 있다. 소유자들이 내야 할 분담금과 이자 비용이 높아진다는 뜻이다. 재건축했을 때 분양가가 높아야 사업성이 생기고, 사업성이 생겨야만 재건축을 진행할 수 있는데, 현재 지방 아파트 현실에서 이는 역부족이다. 이사해야 하는데 구입하려는 사람이 없어 집을 비우고 가거나 경제력이 없는 사람들이 임대로 살 수 있다. 결국 지방의 낡은 아파트 단지는 시간이 흐를수록 슬럼화될 가능성이 높다. 향후 인구 절벽으로 예상할 수 있는 아파트 가격 하락 시나리오가 지방에서 먼저 시작되고 있는 셈이다.

현재 중앙 정부는 지방 살리기에 안간힘을 쓰고 있다. 서울에 있는 주요 공공기관을 지방으로 이전시키는 등 대책 마련에 고심하고 있다. 하지만 뾰

족한 수가 보이지 않는다. 지방 인구의 소멸은 결국 우리 모두에게 악재로 작용한다.

수요와 공급이론

지난 20년간 '인구 절벽이 오니 대비해야 한다'고 수없이 많은 말들이 오 갔지만 마땅한 대책은 마련되지 않았다. 심지어 지금도 부동산 시장에서는 공급 부족을 외치는 이들이 많다. 당장 눈앞의 이익에 급급한 것이다. 참으로 아이러니한 상황이다.

서울 인구가 700만~800만 명 정도로 줄어든다고 가정할 때, 서울에 이렇 게까지 집이 많을 필요가 있을까 궁금해진다. 은퇴한 베이비부머가 서울에 계속해서 남는다는 보장도 없다. 서울 중심부는 값비싼 비용을 지불해야 하 니 주거 비용이 싼 곳을 찾아 이동할 가능성이 높다. 그렇게 되면 비싼 서울 아파트를 청약할 이유도 줄어든다. 수요 감소는 전체적인 시대의 흐름이다.

지금부터라도 대비하지 않으면 안 된다. 인구가 줄고, 나라 경제 규모가 줄 어들면 모두가 힘들어진다. 30~40년간 힘들게 돈을 모아 아파트를 샀는데 가격이 내려가면 자산을 까먹는 상황에 놓인다. 앞으로 펼쳐질 최악의 시나 리오에서는 특히 서민층과 젊은 층이 희생될 가능성이 높다. 이런 상황만큼 은 막아야 한다.

베이비부머형
투자 트렌드는 끝났다

베이비부머의 뒤를 이어 시장에 진입하고 있는 MZ세대.
투자 가치관, 방법, 기간 등 모든 면에서 다른 투자 신인류다.
베이비부머는 MZ세대를 이길 수 있을까?

투자 신인류 MZ세대

베이비부머가 은퇴한 후 그 자리를 메울 것으로 예상되는 MZ세대. 전체 숫자로만 보면 열세지만 향후 시장에서 주도적인 역할을 할 것으로 기대를 모은다. 최근 부동산 시장에 MZ세대가 뛰어들면서 서서히 두각을 나타내고 있다.

MZ세대는 주로 우리나라에서 사용되는 말이다. 1980년대에서 2000년대 초반까지 태어난 이들을 밀레니얼(Millennials) 세대라고 부르는데, 여기에 Z세대가 더해졌다. Z세대는 1990년대에서 2010년대 초반에 출생한 이들이다. Z세대를 규정짓는 핵심은 핸드폰이다. 이들은 태어날 때부터 핸드폰과 친숙하게 지냈다. 밀레니얼(M)과 Z가 합쳐져서 탄생한 것이 바로 MZ세대다. 현재

10대 후반에서 40대 초반까지 아우르며, MZ세대의 주축을 이루는 20~30대가 현재 우리나라의 청장년층을 대표하고 있다.

MZ세대는 현재 유행하는 최첨단 패션과 문화 트렌드를 이끄는 것은 물론 정치, 사회, 경제 등 전반에 걸쳐 힘을 발휘하기 시작했다. MZ세대의 움직임에 따라 부동산 시장도 영향을 받고 있다. 최근 등장했던 부동산 영끌족 상당수도 MZ세대다. 부동산 투자 시장의 전체 파이는 줄어든다고 해도, 그 속에서 누군가는 수익을 거둔다. 그리고 앞으로 그 승자는 MZ세대가 될 확률이 높다.

MZ세대 vs 베이비부머

MZ세대가 현재 주류 세력으로 등장하는 것은 사실이지만, 보유하고 있는 부와 자산으로 따지면 베이비부머를 능가할 수는 없다. 대한민국 자산의 상당수는 아직도 베이비부머가 쥐고 있기 때문이다. 자산 증식 대부분은 아파트를 비롯한 부동산 투자 덕에 가능했다. 사두면 저절로 자산 가치가 올랐던 '시대의 행운' 덕분이다.

한 가지 예를 들어보자. 강남구 대치동 대로변에는 신축 건물이 많다. 상권 좋은 도로변을 따라 위치한 신축 건물 대부분은 사무실이나 학원 등 근생 건물로 사용되고 있다. 하지만 화려한 대치동 대로변을 벗어나 길 안쪽으로 들어가면 전혀 다른 세상이 펼쳐진다. 30~40년은 족히 넘었을 낡고 오래된 빌라들이 즐비하다. 붉은 벽돌로 지어진 전형적인 1970년대식 빌라다. 이 빌라 소유주 중에는 건물이 처음 지어질 때 입주해 지금까지 계속 사는 토박이

들이 있다. 30년 전에 3억 원을 주고 산 빌라가 지금은 70~80억 원 정도의 시세를 형성하고 있다. 대치동 학원가가 뜨면서 덩달아 땅값도 상승한 덕이다. 입지가 좋으면 수익률은 훨씬 높다. 30년 전 5억 원을 주고 산 건물을 최근 300억 원에 팔고 나간 사람도 등장했다.

이들은 익숙한 곳에 계속 살아온 사람들이다. 우연히 대치동에 터를 잡은 후 자녀를 낳아 키우다가 서서히 나이가 들어갔다. 딱히 이사 갈 필요성도 느끼지 못했을 것이다. 이렇게 30년 넘게 살던 와중에 인근 지역의 땅값이 폭등했고, 살던 집의 가격은 치솟았다. 한곳에 오래 살았다는 이유로 자산가로 등극할 수 있었으니, 운이 좋았다고밖에 달리 표현할 방법이 없다. 대치동이 아닌 강북 끄트머리에서 삶을 시작했다면 이런 수익을 거두기는 불가능했을 것이다.

'투자를 위한 어떤 노력도 하지 않았는데, 부동산을 소유했다는 이유 하나만으로 부자가 되었다.'

MZ세대가 바라보는 베이비부머의 모습이다. 하지만 베이비부머 입장에서는 다소 억울한 면도 있다. 젊었을 때 온통 일에 매달려 살아왔고, 집 한 채 장만하려고 앞만 보고 내달려왔다. 자기만 열심히 산 것도 아니었다. 모두 그렇게 살았다. 그 결과로 오늘날의 잘 사는 대한민국을 만들었다는 자긍심도 있다. 물론 시대의 혜택은 입은 건 사실이다. 경제 성장 덕에 부동산의 가치가 높아졌고, 운이 좋아 막대한 수익도 거둘 수 있었다.

공부는 필요 없어, 감으로 운으로!

베이비부머는 감각과 운에 의지해 투자하는 경향이 있다. 이런 투자자들이 가장 자주 하는 말이 "내가 해봐서 아는데…"라는 것이다. 시간과 노력을 들여 열심히 부동산 투자 공부를 하거나 정보를 모으는 일에는 소질이 없다. 열심히 공부해본 적이 없으니 감과 운에 의지하는 것이다. 이들에게는 경험이 최고의 가치다.

본인만의 방법과 인맥을 통해 은밀히 정보를 주고받기도 한다. 정보를 주고받는 대부분이 가족이나 지인, 인근 부동산 업계 사람들이라는 것이 문제이기는 하다. 사두기만 하면 대부분 오르기만 하던 시대를 살다 보니 수십억 원을 투자해야 하는 상황에서도 앞뒤 가리지 않고 우선 내지르고 보는 습성도 있다. '지금까지 그랬던 것처럼 앞으로도 그럴 것이다'라고 믿기 때문이다. 물론 베이비부머에게도 장점은 있다. 바로 실행력이다. 지금까지 부지런히 발품 팔아가며 모험적인 투자를 감행해왔다. 구체적으로 계획하고 움직인 건 아니었으나 대체로 성공해온 것이 사실이다.

하지만 시장 분위기는 바뀌고 투자 환경은 급변하고 있다. 요즘은 부동산 투자 환경이 예전처럼 움직이지 않는다. 속도는 빨라졌고, 예상하지 못하는 사건 사고 건수도 많아졌다. 투자 습관을 바꿔서 현재의 복잡한 현실에 적응해야 하는데 쉽지 않다. 무엇보다 이미 은퇴했거나 은퇴가 코앞이다. 가진 것을 유지하는 것만으로도 벅찬 삶이 시작되었다.

인공지능, 챗GPT로 중무장한 IT세대

베이비부머가 느낌과 감에 의존해 투자할 수밖에 없는 상황도 일견 이해가 간다. 이들이 한창 투자를 시작했던 30~40대는 인터넷이 활성화되기 전이었다. 지금도 "○○아파트가 뜬다는데" 또는 "○○아파트 청약하면 돈 될 것 같은데" 식의 아날로그 소문에 휘둘리는 것도 부동산 정보를 처음 접하던 시대에 익혔던 습관의 영향이 크다.

지금 세상에는 온갖 정보가 넘치게 쏟아진다. 부동산과 같은 투자 정보는 너무 넘쳐서 탈이고 진짜 맞는 정보가 무엇인지 판단하기 힘들다. 다양한 온라인 채널을 통해 정보를 이용해 시장을 교란하는 작전 세력도 많다. 이렇게 복잡하고 정교해진 정보의 홍수 속에서 베이비부머가 경험과 감으로만 버텨낼 수 있을까? 물론 경험은 좋은 자산이다. MZ세대가 갖고 있지 않은 것이기도 하다. 그러나 경험과 감만으로는 복잡다단한 지금 시장을 읽어내기 힘들다.

새로 등장한 MZ세대는 어떨까. 이들은 인터넷과 핸드폰으로 중무장한 채 온라인 정보와 플랫폼을 통해 부동산 시장 정보를 얻고 분석한다.

MZ세대가 "○○아파트 청약이 돈 된다'는 이야기를 어디선가 들었다고 가정해보자. 그들은 이런 정보를 접하면 우선 현재 가격이나 과거 분양가를 분석하고, 주변 시세를 확인하며, 인근의 비슷한 규모와 입지의 아파트 단지 여러 채와 시세 비교과정을 거친다. 그런 후 "주변 시세 대비 분양가가 ○○% 비싸다(또는 싸다)"라는 의견을 내놓을 줄 안다. 투자 시장에서 객관적인 근거

자료를 만들면 판단을 내릴 때 상당히 유효하다. 높은 성공률로 이끄는 첫 단추인 셈이다.

이뿐만이 아니다. 각종 애플리케이션을 활용해 전체 부동산 시장 동향과 가격대, 최신 실거래가 정보, 다양한 투자 기회 등을 실시간으로 모니터링한다. 주변 지역의 가격 흐름을 비교하고, 수요를 예측하기도 한다. SNS나 투자 관련 커뮤니티에 가입해 투자 정보를 공유하고 관심사가 비슷한 이들끼리 의견을 교환한다. 이런 과정을 통해 한 개인에게 입력된 정보는 계속 세분화되고 정교화되며 발전한다.

하지만 MZ세대는 돈이 없다. 가진 돈이 많지 않으니 투자를 시작하기도 쉽지 않다. 이들에게는 자본력을 늘리는 것이 가장 큰 화두다. 베이비부머가 10%의 실행력과 90%의 운으로 투자에 성공했다면 MZ세대는 90%의 노력으로 10%가 행운을 얻기 위해 뛰어다닌다. 그러려면 치밀하고 꼼꼼하게 투자할 수밖에 없다. 최근에는 챗GPT 등 오픈 소스 기반 인공지능을 활용해 산재해 있는 정보를 자신에게 알맞은 형태로 가공하는 이들도 생기고 있다.

새로운 투자 철학

투자 시장에서는 '기대 수익률'이란 말이 자주 쓰인다. 기대 수익률은 예상 수입에서 예상 지출을 뺀 값의 비율이다. 예를 들어 10억 원에 산 아파트가 1년 후 11억 원이 된다면 이 아파트의 1년 기대 수익률은 10%(11억 원-10억 원/10

억 원×100)다. 단순하게 말하면, 투자한 돈에 비에 진짜로 벌 수 있는 돈이 얼마인가를 보여주는 것이다.

부동산을 사고파는 과정을 통해 돈을 버는 것이 목표라면 기대 수익률을 미리 정하고, 이 수익률이 달성되면 매각해서 차익을 실현해야 한다. 말로 두루뭉술하게 "대충 ○○원쯤 벌 수 있을 거야"라는 것과는 차원이 다르다. 투입된 정확한 원가를 계산할 줄 알아야 하며, 팔았을 때 세금 등 각종 비용을 구체적으로 예상해 손에 쥘 돈을 알아야 한다. 그래야 투자를 할지 말지 결정할 수 있다. MZ세대의 부동산 투자 특징 중 하나가 기대 수익률이 높지 않다는 것이다. 터무니없이 높은 수익률을 기대하며 무작정 버티지 않는다.

보편적인 기대 수익률 개념이 필요하다

보편적인 기대 수익률보다 높은 수익률을 냈을 때 시장에서는 성공한 투자라고 말한다. 5% 벌 수 있을 거라고 예상했는데 10% 벌면 성공한 투자라는 개념이다.

부(富)는 상대적인 개념으로, 나의 자산이 오른 만큼 남들도 똑같이 오르면 성공한 투자라고 볼 수 없다. 은행 예금 금리 정도의 수익을 거둔 것도 마찬가지다. 예금 이자는 돈을 맡기기만 하면 받는 수익이니 투자했다고 보기 힘들다. 그래서 투자 성공의 마지노선을 잡는 기준이 '시장 예금 금리보다 높은 수익률을 낼 수 있는가?' 하는 것이다. 시장 예금 금리를 넘어서는 수익이 나면 투자할 만하다고 판단한다. 결론적으로 남들 오르는 것보다 조금이라도 더 오르거나, 시장 금리보다 높은 수익을 거둘 수 있을 때 비교적 성공한 투자라고 볼 수 있다.

지금까지 국내 부동산 시장의 기대 수익률은 상당히 높았다. 강남 인기 아파트의 경우 1년 수익률 20%를 넘어서기도 했다. 하지만 요즘 같은 세상에서 특정 지역을 제외하면 부동산 투자로 1년에 20%씩 꾸준하게 벌기란 쉽지 않다. 국내 경기 상황을 비롯해 시대적인 흐름을 비춰 봤을 때 부동산 투자자들이 기대하는 보편적인 시장 기대 수익률은 5~10% 수준이다. 사실 이 정도 수치도 전문가 입장에서는 높다고 말할 수 있다.

지금까지 우리는 연평균 10~20%의 수익률을 경험해왔다. 앞으로도 이런 성장을 기대하며 투자를 감행한다. 당장 떨어져도 언젠가는 오를 것이라고 믿는다.

베이비부머 투자자를 만났을 때 기대 수익률은 얼마로 잡아야 할지, 매각 시기는 언제가 되어야 할지 꼼꼼히 계획하는 경우가 많지 않다. '기다리다 보면 언젠가는 되겠지'라고 막연히 생각한다. 문제는 그 '언젠가'가 언제가 될지 정확히 알 수 없다는 거다.

기대 수익률 5%면 성공한 투자

MZ세대는 접근하는 방식부터가 다르다. "A아파트가 연 5%씩 올랐을 때 매각 예상 시점에 ○○억 원이 되어야 투자 수익률이 높은 것이다"라고 판단할 줄 안다. 그리고 그렇게 될 수 있도록 스스로 계획표를 짜서 실천하고 있다.

이런 투자 방식은 국내에 들어와 있는 외국인 투자자 마인드와 닮았다. 외국인 투자자의 두드러진 점이, 처음 계획했던 기대 수익률이 달성되면 시장이 제아무리 상승 기조라고 해도 과감히 매각해 수익을 실현한다는 것이다. 이처럼 투자 과정을 시스템화시켜서 안정적으로 수익을 내는 것이야말로 투자의 기본이다.

현재 MZ세대가 본격적으로 투자 시장에 들어오고 있다. 베이비부머나 감과 경험에 의존하던 시장에서 합리적이고 객관적인 투자 시장으로 변모해갈 수 있으리라는 기대감이 생긴다.

부의 사다리에 올라타라!

MZ세대는 숫자와 지표를 활용하고 분석하는 데 적극적이다. 이들이 이렇게 노력하는 것은 절박함 때문이다. 경험도 많지 않은 데다 투자금이 넉넉하지 않으니 올바른 정보를 입수해 투자에 실패하지 않으려는 것이다. 그래서 MZ세대에게는 계획이 무엇보다 중요하다. 투자를 할 때는 분명한 목표를 설정한 후, 그 목표에 맞는 꼼꼼한 계획을 세운다. 연도별, 나이대별로 무엇을 해야 하는지 분명한 액션 플랜을 짜는 것도 가능하다.

최근 갓난아이를 둔 30대 중반의 MZ세대 부부를 상담한 적이 있다. 이들은 유모차를 끌고 사무실에 찾아왔다. 어떻게든 투자금을 늘리겠다는 의지로 가득해 자신들이 짠 계획표를 PPT로 만들어 보여주기도 했다. 그들이 만든 PPT를 살펴보고 깜짝 놀랐다. 부동산 투자 전문가가 작성한 문서라고 해도 손색이 없을 정도였다.

이들은 각각 '노후 필요 자금', '시스템 투자 방법과 시기별 계획', '목표 수익', '노후를 위한 5개년 단위 로드맵', '부자가 되고 싶은 이유', '2023년 임장 계획' 등의 항목을 만들었다. 항목별로 구체적인 내용과 주택 투자 금액, 실행 예정 일자, 목적별 투자 방법 등도 빼곡히 적어두었다. 각 방법에 따른 나름의 장단점도 파악했고, 그에 따른 여러 가지 옵션 사항도 제시했다. 시장 상황에 맞춰서 합리적인 판단을 내리겠다는 의지다. 더 놀라운 것은 임장 계획이었다. 수십 장이 넘는 임장 계획표에는 각 지역 입지 분석과 지도, 도표와 수치, 가격 등 핵심 자료들이 빼곡했다. 자신들이 살고 싶은 지역 또는 투자하고 싶은 지역을 찾아내 분석하는 것은 물론, 실제로 임장도 여러 차례 다녔다. 또한 관심 가진 지역을 임장하고 돌아온 후 전세를 끼고 아파트에 투자하는 실행력도 갖추고 있었다.

이들은 은퇴하기 전까지 총 30번에 걸쳐 부동산을 사고팔 계획을 세웠다. 각 부동산의 보유 기간과 엑시트 일정도 잡아두었다. 이들이 작성한 계획표에 따라 30번째 부동산을 매각했을 때 엄청난 자산가가 되어 있을 것이라는 기대감이 생겼다.

모든 MZ세대가 다 이 부부와 같지는 않을 것이다. 또한 수많은 젊은이가 서울의 비싼 집값 앞에 좌절하거나 자포자기한다. 다행히 MZ세대 중 '싹수'가 보이는 이들도 조금씩 증가하고 있다. 언젠가는 부의 사다리에 올라타겠다는 의욕으로 충만하다. 이들이 경험을 쌓고 투자 주역으로 등장하면 시장의 구도는 달라질 수 있다.

주택 소유의 시대가
저물고 있다

높아진 세금, 침체된 시장 분위기 속에서
집을 소유한 이들의 설 자리가 좁아지고 있다.
특히 3주택 이상 보유자는 옴짝달싹 못 하는 상황에 놓였다.

집을 여러 채 보유하지 마라?

집을 여러 채 보유한 다주택자가 받는 불이익이 커지고 있다. 1세대가 집을 2채 이상 갖는 순간부터 각종 세금 감면 혜택이 사라지는 것은 물론, 3주택 이상부터는 중과세율을 매겨 불이익을 준다. 실제로 살지도 않는 아파트를 2채 이상 가진 것은 무주택자가 집을 살 기회를 빼앗는 것이며, 궁극적으로는 가격을 올려 이익을 얻으려는 투기 목적으로 간주한다.

고가의 주택을 여러 채 보유한 다주택자는 특히 강남 3구에 많이 몰려 있다. 통계를 살펴보면 강남 3구에 2주택 이상 보유자가 5만여 명, 3주택 이상 보유자는 2만여 명이 넘는다. 서울에서 집값이 가장 비싼 동네에 3채 이상 가진 사람이 생각보다 많다. 임대 수익을 얻기 위한 목적이라고 보기도 힘들다. 강남 3구 다주택자의 상당수는 아파트를 몇 채씩 사서 자녀들에게 살게 하는 경우가 많다. 소유권만 부모에게 있을 뿐 실제로는 자녀들이 전세의 형식으로 부모 명의 집에 거주하는 것이다. 증여세를 낸 후 공식적으로 자녀에게 넘겨준 것이 아니니 일종의 세금 탈루로 여겨진다. 이렇게 한 사람이 여러 채의 주택을 소유하면서 부의 편중 효과도 커지고 있다. 다주택자를 향한 사회적 시선이 점점 더 따가워지는 것은 물론이다.

집은 공공재 vs 투자 대상

주택은 공공재의 성격을 갖고 있다. 집은 인간이 생활하는 데 반드시 있어야 할 의식주 가운데 하나이며 삶의 필수 요소다. 집 없는 이들이 많이 늘어나면 사회의 불안요소가 되므로 나라에서는 주거를 안정시키기 위해 많은 노력을 기울인다. 국민이 낸 세금으로 정부가 임대주택이나 청년주택 등 공공주택을 짓는 것도 그런 맥락에서 이해할 수 있다. 이때 주거 시설은 국민의 행복과 삶의 질을 향상하기 위한 필수재에 가깝다.

하지만 지금까지 우리나라에서는 '주택은 공공재'라는 개념이 쉽게 받아들여지지 않았다. 지난 50년간 집값이 엄청나게 올랐고, 부동산을 통해 막대한 부를 축적해왔기 때문이다. 일반인들 중에서도 집으로 돈 번 사람들이 실제로 많이 등장했다. 이런 상황이 장기간 지속되다 보니 정부도 집을 재테크 수단화하는 것은 어쩔 수 없이 용인하는 분위기다. 하지만 투기만큼은 막으려 한다. 투기는 짧은 시간 안에 커다란 시세 차익을 목적으로 시장의 가격을 인위적으로 교란하는 행위다.

주택 투기는 부의 쏠림 현상을 만드는 데다, 젊은 세대가 상대적 박탈감을 느끼고 결혼과 출산을 거부하기도 한다. 이런 과정에서 집값 인상과 기회 박탈에 대한 원망이 다주택자에게 향하고 있다. 비난이 강해질수록 다주택자를 향한 규제의 목소리가 힘을 얻는다.

1세대 1주택의 의미

정부는 1세대가 여러 채의 집을 보유하면 세금을 무겁게 매겨 이를 막으려 든다. 반대로 집을 1채만 갖고 있으면 다양한 세금 혜택을 주어 1세대 1주택을 장려한다.

주택을 사서 일정 기간 그 집에 살았을 경우 가격이 많이 올라도 이를 보전할 수 있다. 일정기간 거주하면 번 돈의 80%까지 공제받을 수 있는데, 이것이 바로 장기보유특별공제 혜택이다. 살면서 주택 한 채는 필수적으로 가져야 하는데, 집값이 올랐다는 이유로 세금 폭탄을 매길 수는 없는 노릇이다. 양도소득세뿐만 아니라 재산세나 종합부동산세도 낮은 세율을 적용받는다. 1주택자가 한집에서 오래 살았다는 조건만 충족되면, 아무리 가격이 많이 올라도 팔았을 때 얻는 수익 대부분을 자산으로 인정받을 수 있다. 그래서 압구정 현대아파트의 장기 1주택 보유자가 집을 팔면 자산가로 거듭날 수 있는 것이다.

하지만 2주택을 소유한 시점부터는 세율이 큰 폭으로 오른다. 장기보유특별공제도 사라진다. 재산세율과 종합부동산세율도 급격히 높아진다. 때에 따라서는 중과세를 적용받기도 한다. 물론 정부 성격에 따라 세율이 조금씩 달라질 수 있다. 주택을 공공재로 보는 개념이 강한 정부에서는 2주택자 이상을 투기 세력으로 간주하기도 한다. 한때 2주택자 양도소득세율이 80% 가까이 오른 적도 있었다. 이 경우 매매 차익을 목적으로 단기 투자할 경우 세금을 내고 나면 손에 쥐는 것이 거의 없을 정도였다.

주택을 2채 이상 갖고 있어도 1주택자로 간주해 주는 경우가 있다. 바로 '일시적 1세대 2주택'이다. 이사 등 피치 못할 사정이 생겨 두 번째 주택을 매입했을 때, 기존 주택을 정해진 기한 내에 처분하면 1주택자로 간주해주는 제도다. 새 아파트의 분양권이나 입주권을 매입해도 똑같은 혜택을 받을 수 있다. 2~3년 안에 기존 주택을 팔면 세금 등 여러 면에서 부담이 훨씬 적다.

1세대 2주택 수난기

일시적 1세대 2주택 제도의 허점을 노려 단기간에 집을 사고팔면서 돈 버는 이들이 많이 등장했다. 두 번째 주택을 산 후 정해진 기간 안에 기존 집을 팔아 1주택자가 되는 것이다. 이런 과정을 반복하면 집값이 큰 폭으로 오르는 시기에 꽤 짭짤한 수익을 거둘 수 있다. 하지만 이를 이용한 부동산 투기가 성행하자, 일시적 1세대 2주택 제도에도 각종 조건이 붙게 되었다. 기존 주택을 처분해야 하는 기간이 짧아지거나, 지역에 따라서는 아예 혜택을 주지 않는 등 불이익을 주기 시작한 것이다.

정권이 바뀌면서 일시적 1세대 2주택 제도 역시 다양한 방식으로 변주되고 있다. 정부 성격에 따라 규제를 완화해주거나 반대로 강화하기도 한다. 2023년에는 기존 주택 처분 기간을 늘려주거나 세율을 낮춰주는 방식으로 완화 정책을 펴고 있다.

하지만 투자자 입장에서 반드시 기억해야 할 것이 있다. 정책은 언제든 바뀔 수 있다는 것이다. 부동산 투자는 긴 안목으로 진행해야 한다. 5년마다 바뀌는 정부의 성격에 맞춰 단기적으로 투자하면 손해 볼 수 있다. 다시 말하지만 우리나라는 주택을 공공재로 보기 시작했다. 주택을 투기 수단으로 쓰는 것을 경계하는 쪽으로 정책의 방향성이 잡히고 있다는 뜻이다. 특히 다주택자를 향한 세금 규제 정책은 더하면 더하지, 덜하지 않을 것이라는 것이 향후 시장을 바라보는 전문가들의 평가다.

자본 수익률이 낮아지고 있다

부동산은 주식과 달리 계속해서 세금을 내야 하는 투자 자산이다. 재산세 등을 떠올리면 쉽게 이해할 수 있다. 1년에 한 번씩 재산세, 때에 따라서는 종합부동산세까지 부과된다. 아파트 가격이 올라 부과 금액이 커지면 매년 세금 마련하는 것도 만만치 않다. 만약 은행에서 주택자금 대출까지 받았다면 이자까지 추가된다. 세금과 이자는 아파트를 보유하는 데 드는 소모성 비용이다. 집 한 채 유지하는 데 생각보다 비용이 많이 발생하고 있다.

강남에 30억 원 상당의 아파트 한 채를 갖고 있다고 가정해보자. 다주택자라면 1년에 한 번씩 내야 하는 세금만 수천만 원이다. 10년간 내야 할 보유세만 합쳐도 수억 원이다. 투기과열지구로 지정되어 중과세율이 적용되기라도 하면 세금은 천정부지로 치솟는다. 최근 2~3년간 고가의 주택을 여러 채 보유한 투자자들 사이에서 곡소리가 많이 들리는 이유다.

하지만 이런 상황을 인지하지 못한 많은 사람이 인터넷에 나오는 호가만 바라보며 '집값이 올랐다'라는 부분에 방점을 찍는다. 집을 팔았을 때 손에 쥘 이익금만 바라보는 경우도 많다. 만약 자신이 그 집을 매입한다면 보유하는 동안 비용이 얼마나 많이 들어가는지를 계산에 넣어야 하는데 이를 간과한다. 막상 집을 팔고 나면 그때야 계산기를 두드려 보는 이들도 많다.

부동산 투자로 돈을 벌려면 손익계산을 명확히 따져야 한다. 양도소득세만 세금이 아니다. 그동안 매년 내왔던 재산세, 종합부동산세, 여기에 주택 구입할 때 냈던 취득세, 집을 유지하는 데 드는 각종 수리비 등도 비용이다. 보유하는 데 드는 비용은 계속해서 높아지지만, 아파트 가격은 과거만큼 오르지 않는다. 이렇게 되면 투자 수익률은 거의 제로에 가깝거나 심지어 마이너스가 될 수도 있다. 다주택자라면 세율이 훨씬 높으므로 투자 수익률은 더 줄어든다. 아파트를 팔았을 때 실제로 손에 쥐는 돈이 얼마 안 될 수도 있다는 이야기다.

지금까지는 아파트를 가격이 큰 폭으로 올랐기 때문에 세금과 이자 비용 등은 감당할 수 있다고 여겼다. 하지만 다주택자를 향한 규제 정책이 강화되면서 주택을 보유하는 데 드는 비용이 커지고 있다. 최종적으로 보유한 아파트를 팔았을 때, 실제로 진짜 수익을 어느 정도 냈는지 꼼꼼하게 따져봐야 하는 세상이 왔다. 자칫 잘못하다가는 자신도 모르게 마이너스 수익률이 될 수 있다.

사지도, 팔지도 못하는 상황

2023년 현재 3주택 이상의 다주택자는 집을 팔지도, 사지도 못하는 상황에 놓였다. 팔려고 해도 세금이 너무 많다. 다주택자는 양도소득세 중과 대상이므로 매매 차익금의 70%, 많게는 80% 이상 세금으로 낼 수 있다. 세금 내고 나면 실제로 손에 쥐는 돈은 거의 없다. 아파트 팔아서 세금 내면 비슷한 수준의 다른 아파트를 사는 것은 엄두도 낼 수 없다.

예를 들어 대치동, 압구정동, 반포동에 각각 집이 1채씩 있다고 가정해보자. 재산세만 1년에 1억 7,000만 원에서 2억 원 수준이다. 반포 아파트를 30억 원에 사서 40억 원에 매도해 10억 원을 벌었을 경우 양도소득세 중과세율이 적용되어 7억 원을 내고 나면 손에 쥐는 돈은 3억 원이다. 그래도 3억 원을 벌었으니 만족할 수 있을까? 보유한 3~4년간 재산세만 4억 원 이상을 지출했을 것이다. 만약 은행에서 매입 자금의 50%를 대출받아 샀다면 매달 이자로 500~600만 원이 추가로 지출된다. 마이너스도 이런 마이너스가 없다. 결국 다주택자는 집을 팔려고 할 때 손해가 막심한 상황이다.

다주택자를 향한 세율 부담이 높아지면서 집을 팔아 수익 내기가 점점 더 어려워지고 있다. 문제는 앞으로 집값이 10억 원, 20억 원씩 오를 수 있는 상황이 아니라는 것이다. 이러니 사지도 팔지도 못하는 상황에 빠진다. 현재 3주택 이상을 보유한 다주택자들이 처한 현실이다.

법을 바꿔야만 가능한 것들

정부 성격이 바뀌면서 세금 정책도 바뀔 것으로 기대하는 이들이 많다. 현재 다주택자들에게 초미의 관심사가 되는 종합부동산세 등의 세제 개편은 조세법을 변경해야 세율을 낮출 수 있다. 물론 정권에 따라서는 시행령을 고쳐 세금을 낮추기도 한다. 하지만 중요한 세금 정책일수록 법 개정이라는 까다로운 관문을 통과해야 한다. 하지만 국회의원 과반수 찬성표를 확보하지 못하면 법 개정 자체는 거의 불가능하다.

2023년 현재 공정시장가액이 낮아지면서 세금 감면 혜택이 생겼다. 종합부동산세를 산정할 때 기존에는 80%의 공정시장가액비율을 반영했다면 지금은 60% 정도로 낮춰준 것이다. 이러면 세금을 매길 때 기준이 되는 과표 금액이 실질적으로 낮아진다. 평소 5,000만 원 정도 세금을 냈다면 2,000~3,000만 원 수준으로 줄어들 수 있다. 하지만 이마저도 3주택 이상 보유한 다주택자들에게는 해당되지 않는다. 정치권에서는 2주택 보유까지만 세금 감면 혜택 대상으로 보는 것이다.

3주택 이상의 다주택자들은 이제나저제나 정부가 규제를 풀어줄까, 고대하고 있지만 쉽지 않아 보인다. 우선 현재 정부의 세수가 많이 부족하다. 부동산 관련 세금이 큰 폭으로 줄어들다 보니 법 개정에 대한 의지도 약화되고 있다. 세율을 낮춰주고 싶지만 반대하는 이들이 많아 어쩔 수 없다는 핑계로 슬쩍 넘어가는 식이다. 이렇게 정치 환경이 복잡하게 꼬이다보니 다주택자 입장에서는 이러지도 저러지도 못하는 난감한 상황에 처해 있다.

다주택자에게 탈출구는 없다

강남 3구에 여러 채의 집을 보유한 이들이라면 자산가일 확률이 높다. 예상하지 못한 돌발 상황이 생겨도 대응할 수 있는 자본력이 상당하다. 시간에 쫓기지 않는다는 것 자체가 자산가들의 최대 강점이다. 이들 중 상당수는 '집값이 오를 때까지 기다려보자'는 쪽으로 생각을 바꾸고 있다. 정부와 언론이 계속해서 집값을 띄우려고 노력하고 있으니 조금만 더 버티다보면 방법이 생길 수 있다고 기대하는 것이다. 사람들은 절대 손해 보지 않으려고 한다. 최종적으로 마이너스 수익률이 된다고 판단하면 '손해 보고 팔 수는 없다'며 버티기 모드에 돌입한다.

이들과는 반대로 집을 팔 시기를 저울질하는 다주택자도 있다. 기존 중과세율을 적용받으면 팔았을 때 큰 손해를 입지만, 일반과세로 바뀌면서 세금이 줄어 조금이나마 수익을 거둘 수 있게 된 투자자들이다. 오래전에 집을 사둔 사람일수록 이런 경향이 강하다. 처음 구입할 때 워낙 싸게 매입했기 때문에 지금 집을 팔아도 손해는 보지 않는다. 이들은 매도 타이밍을 살피며 집을 팔려고 한다.

가장 안타까운 상황에 놓인 이들이 갭 투자자들이다. 투자를 시작할 때부터 돈이 많지 않았던 부류로, 금융 대출을 많이 받아 집을 구입했을 확률이 높다. 전세보증금은 하락하고, 집값도 떨어지는 데다 금리마저 올랐다. 이러면 갭 투자자는 버텨낼 재간이 없다. 자본력이 부족한 사람들 순으로 매물을 토해낼 수밖에 없다. 이럴 때 급매가 출현하므로 노련한 투자자들은 이 시기를 노려 투자를 감행하기도 한다.

시장이 불안해질수록 자본 싸움으로 갈 공산이 크다. 보유하고 있는 자산이 많으면 버틸 수 있는 힘이 있는 반면 그렇지 못한 사람들은 중도 탈락한다. 서민만 피해를 보는 형국이다.

못 버티는 다주택 갭 투자자들

주택 가격이 계속 하락하면 본질은 자본의 싸움이다. 돈 많은 사람이 오래 버티고 돈 없는 사람은 먼저 나가떨어지게 되어 있다. 값비싼 고급 아파트는 오를 때 가장 빨리, 많이 오르고 떨어질 때는 가장 늦게, 조금씩 떨어진다. 강남의 자산가들이 오래 버틸 수 있는 이유다.

강남 아파트를 소유하고 싶은 마음에 무리하게 대출을 감행한 다주택 MZ세대의 경우 피해가 크다. 몇십억 원 하는 고가 아파트를 무리하게 대출받아 구입하다보니 시장이 조금만 불안해져도 버티기 힘들다. 부동산 영끌족 문제가 심각해지는 것이 최근 분위기다. 평범한 월급쟁이들이 지방 아파트 여러 채에 투자한 경우도 있다. 부동산 가격이 한창 오를 때 갭 투자로 돈 벌겠다고 나선 이들로, 대부분 수도권이나 지방 중소도시에 1~2억 원으로 아파트를 사들였다. 이들은 5~6억 원대의 중저가 아파트 또는 10억 원대 미만의 수도권 아파트를 주요 대상으로 삼았다. 이들이야말로 집값이나 전세가 하락, 금리 인상에 취약하다. 월급의 상당수를 이자로 내는 경우도 많아 빠듯한 살림살이를 이어가야 하는 경우도 적지 않다.

지역으로 살펴보면 이런 시기에 특히 타격을 많이 받는 곳이 서울의 노원구, 도봉구, 강북구(일명 노도강)다. 노도강은 자본력이 취약한 이들이 1~2억 원 수준의 자본금으로 갭 투자한 아파트가 가장 많았던 지역이다.

이런 상황을 좀 더 구조적으로 바라봐야 한다. 비싼 집을 많이 가진 다주택 자산가들은 기존에 갖고 있던 재산을 매각하거나 대출 등을 이용해 상황을 헤쳐나가고 있다. 물론 이런 상황이 수년간 지속되면 돈 많은 자산가도 하나둘 나가떨어질 수는 있다. 문제는 자산가들마저 버티기 힘든 상황이 되면, 중산층을 포함한 서민은 초토화될 가능성이 높다는 점이다. 다주택자들, 바꿔 말하면 돈 많은 자산가를 향한 규제가 오랫동안 지속되면 애꿎은 서민이 그 피해를 고스란히 떠안을 수밖에 없는 것이 자유 시장 경제의 특성이다.

탈출구가 보이지 않는다

최근 3주택 이상 다주택자들 가운데에는 새로운 임대사업자제도의 부활을 기다리는 이들도 많다. 기존에는 주택임대사업자 등록을 하면 해당 주택을 보유 주택 수에서 제외해주어 다주택자 꼬리표를 뗄 수 있었다. 3주택자의 경우 한 가구만 임대사업으로 돌려도 2주택자가 되어 세금 부담이 훨씬 낮아진다. 하지만 제도는 시장 상황에 따라 자꾸 변하기 마련이다. 주택임대사업자제도 역시 시장 상황에 휘둘리며 지금은 명맥만 간신히 살아남았다. 임대사업자 등록했을 때 받던 혜택이 거의 없다는 뜻이다.

정부가 부동산 시장 친화적인 2023년 현재, 3주택 이상의 다주택자들은 다시 임대사업자제도를 꿈꾸고 있다. 현재로서는 주택임대사업자제도가 3주택 이상 보유자들이 다주택자 꼬리표를 뗄 수 있는 유일한 탈출구로 보인다.

2부

주택 :

투자를 바라보는
새로운 관점

주택 투자 흐름이
바뀌고 있다

주택 투자 환경이 급변하고 있다.
변화하는 주택 투자 요인을 하나씩 짚어보자.

우리가 주택에 투자하는 이유

사람이 살아가면서 안정적으로 거주할 수 있는 집 한 채는 있어야 한다는 것이 일반적인 생각이다. 특히 부모님 세대는 자식 세대에게 '집 한 채는 꼭 마련하라'고 강조한다. 월세나 전세로 사는 것 보다 자기 소유의 집이 있으면 돈을 벌거나 사회생활을 할 때도 삶이 안정되어 일이 잘될 거라고 믿는다. 이때 집은 안정, 정주(定住) 개념에 가깝다.

하지만 사회가 빠르게 성장하면서 집을 바라보는 시각이 바뀌었다. 다음 세대로 내려갈수록 집은 거주 공간보다는 투자 상품에 가깝다. 사는 곳(Living)과 사는 곳(Buying)을 구분하며, 주식 시장에서 거래하듯 주택 매매를 통해 수익을 내는 것에 관심이 많다. 부모님 세대가 집 한 채 마련해 죽을 때까지 사는 것을 당연하게 생각한다면 요즘 세대는 집을 사고파는 것에 거리낌이 없으며, 잦은 이사도 마다하지 않는다. 주택을 투자 상품으로 생각한다는 것은 장기전이 아니고 단기전으로 접근한다는 의미이기도 하다. 이때 갭 투자 또는 레버리지 투자는 계층 사다리를 오를 수 있는 효과적인 수단이다.

장단점이 있지만, 주택이 단기 투자 상품이 되면서 투자에 참여하는 사람의 계층과 폭도 넓어졌다. 사람이 많이 모여들면서 투자 수요가 증가했고, 상대적으로 집값도 많이 올랐다. 아파트가 투자 상품이 되어버린 현재, 남들보다 유리한 고지에 올라서려면 장기 투자보다는 단기 투자가 점점 더 유리해지고 있다. 대박을 노리는 것이 아닌, 은행 예금금리보다 좀 더 높은 수익률을 거두겠다는 생각으로 투자할 것을 권한다.

순자본을 늘리는 주택 투자 방식

지금은 과거와 달리 주택에 투자하기가 너무 어려워졌다. 집값이 너무 올랐기 때문이다. 집을 사려면 빚을 잔뜩 끌어다 쓸 수밖에 없다. 그럼에도 불구하고 우리는 은행에서 돈을 빌려 계속 집을 산다. 갭 투자 또는 레버리지 투자로 계층 사다리를 오르고 싶지만, 현실은 생각보다 쉽지 않다.

최근 우리나라 국내 GDP 대비 가계부채비율이 100%를 넘어섰다. 이 말은 전 국민이 1년간 버는 돈보다 은행 빚이 더 많다는 의미다. 빚의 성격도 좋지 않다. 대출자 가운데 300만 명이 1년간 벌어들인 소득의 70% 이상을 빚 갚는 데 쓰고 있다. 이러면 가처분소득은 형편없이 낮아진다. 경기가 위축되면 투자 수요가 줄고, 수요가 줄면 부동산 가격은 오르기 힘들다. 부동산 시장이 성장을 멈추면 다시 경기가 위축되는 악순환이 꼬리에 꼬리를 물고 이어진다.

이제는 주택 투자를 하는 방식을 다르게 바라볼 필요가 있다. 과거처럼 장기 투자 보다 자기 자본을 늘리는 단기 투자 방식으로 접근해야 한다. 과거에는 집 한 채 사서 오랜 시간 버텨 큰 이익을 내는 것을 기대했다면 앞으로는 방망이를 짧게 가져가는 투자 전략이 유리하다. 이때 주택 투자는 은행 이자보다 높은 수익을 내는, 궁극적으로 내 자본 소득을 높이는 재테크 투자에 가깝다.

간단히 숫자를 통해 개념을 파악해보자. 시세 20억 원 아파트를 사면서 10억 원을 대출받으면 내 돈은 10억 원이 투자되는 셈이다. 1년 후 집값이 22억 원으로 올랐다고 가정하면 10% 상승률이다. 투자 수익률로 따졌을 때 연 20%다. 이자 등 각종 비용을 제외해도 은행 예금 금리에 비해 높은 수익을 냈다.

똑같은 아파트를 사서 20년간 보유한다고 가정해보자. 은행 이자, 재산세와 종합부동산세, 수선비를 비롯한 유지 비용 등 20년 치 보유 비용을 계산했을 때 과연 시장 금리보다 수익이 높을 수 있을까? 지금으로서는 확신하기 힘들다. 집값이 과거처럼 쑥쑥 오르던 시대가 지나고 있기 때문이다. 부동산 가격은 기대만큼 오르지 않는데 보유 비용이 눈덩이처럼 불어나면 최종 수익률은 현저히 낮아진다. 과거처럼 20억 원 아파트 사서 20년 동안 은행 이자와 종합부동산세, 재산세 내는 투자 방식이 먹히지 않을 수 있다. 지금은 순자본을 늘릴 수 있는 투자 방식을 고려해야 할 시점이다.

서울은 여전히 매력적이다

부동산 컨설팅 일을 하면서 많은 사람을 만난다. 최근 몇 년 동안 지방 투자자의 서울 나들이가 부쩍 증가하고 있다는 것을 피부로 느끼고 있다. 부산, 대구, 포항, 여수 등 다양한 지역의 다양한 분들이 서울의 투자 물건을 찾고 있다. 서울 요지의 아파트뿐만 아니라 상업용 부동산에도 관심이 많다.

지방 투자자는 자신이 나고 자란 지방에도 부동산 투자를 하고 있다. 지방 거점 도시의 수익형 부동산이라 공실도 별로 없고 임대료도 또박또박 잘 나온다. 그런데 왜 이들은 서울로 계속 몰려드는 것일까? 답은 땅에 있다. 서울과 지방은 땅의 가치가 다르다. 10년 전 50억 원 하던 지방 부동산 가격은 여전히 50억 원 수준에 머물러 있는 경우가 많다. 땅의 가치가 오르지 않으니 공시지가 상승률은 현저히 낮거나 아예 오르지 않는 경우도 많다. 지방 투자자는 '똑같이 50억 원을 투자했는데 지방은 그대로인 반면 서울은 100억 원으로 올라 있었다'라고 말한다. 임대 수익이 잘 나오는 것과 별개로 땅의 가치가 상승하는 것이 투자 성공과 직결된다는 것을 아는 것이다. 이는 상업용 부동산이나 주택 부동산이나 다르지 않다.

전체 시장만 놓고 보면 주택 부동산 투자 시장의 규모는 줄어들겠지만, 빈익빈 부익부(貧益貧富益富) 현상은 강화되고 있다. 경기도 등 위성 신도시나 지방의 주택 투자 매력도는 개별적 특성이 강한 데다 투자 매력도 또한 낮다. 반면 서울은 기존의 투자자뿐 아니라 전국의 부동산 투자자를 빨아들이면서 투자 매력도가 계속 상승하고 있다. 심지어 '서울에 사는 것이 행운'이라고 말할 정도다.

일본의 사례만 봐도 알 수 있다. 인구 감소와 노령화의 직격탄을 맞은 일본 부동산 시장은 성장을 멈췄지만, 롯폰기힐스 같은 도쿄의 고급 부촌은 오히려 집값이 많이 올랐다. 서울의 집중화와 고도화가 지속될수록 서울 주택 투자 매력도는 계속 높아질 것이다.

〈서울시 세대수 추이〉 (주민등록인구 기준) (단위 : 세대)

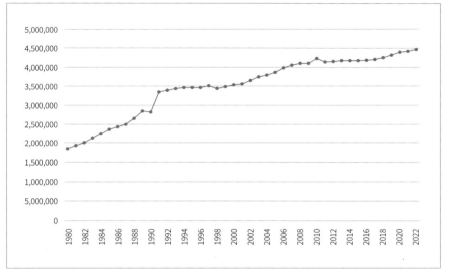

출처 : 통계청, 저자 재구성

고급 인력, 좋은 직장의 서울 쏠림 현상

공식적인 인구 집계만 놓고 보면 서울은 인구 1,000만 명을 찍은 후 계속 하락하고 있다. 2023년 기준 서울 인구는 965만 명이다. 물론 서울 인구 감소는 집값 폭등으로 인해 인근 경기도로 이주하는 수요가 늘어나는 데서 그

원인을 찾을 수 있다. 경기도에 거주하면서 서울로 출퇴근하는 인구는 언제든 기회만 되면 서울 입성을 노릴 가능성이 높다. 서울을 향한 가수요가 항상 들끓을 수밖에 없는 요인이다.

이 모든 원인은 서울로 자본과 인력이 모여드는 구조 때문이다. 대기업을 비롯한 고연봉의 좋은 기업들, 고급 인력의 대부분은 서울에 있다. 통계청 조사에 따르면 최근 10년간 20대 청년 60만 명이 서울과 경기, 인천으로 이주했다. 수도권으로 모여드는 청년 인구가 10년 전보다 2.6배나 증가한 것이다. 가뜩이나 출산율이 떨어지면서 청년 인구가 줄어들어 문제인데, 지방의 20대 청년들이 이전보다 훨씬 높은 비율로 서울로 모여들고 있으니 수도권 집중화는 더 심각해진다. 문제는 이런 현상이 늘면 늘었지 줄어들 기미가 보이지 않는다는 것이다.

가장 대표적인 현상이 지방 대학 소멸이다. 지방에 거주하는 이들조차 자녀를 지방 대학에 보내려 하지 않는다. 지방의 발전 가능성이 낮다고 보는 것이다. 자녀가 서울로 유학 오면 지방민의 서울 투자 가능성은 높아진다. 서울 요지의 부동산 수요층 중 상당수가 지방 출신이라는 사실은 공공연한 사실이다.

서울이 블랙홀처럼 인구를 빨아들이면서 정치권 역시 이런 흐름에 동조하는 분위기다. 오세훈 현 서울시장은 한강 르네상스 사업을 필두로 각종 재개발 재건축 사업에 지원을 아끼지 않고 있다. 최근 일각에서는 김포를 비롯해 고양, 광명, 구리 등 서울과 인접한 지역의 서울 편입론을 들고나오기도 했다. 당장 눈앞의 정치적 이익을 위해서라는 것이 지배적인 시선이지만, 긴 흐름으로 봤을 때 서울이 메가시티를 향해 가고 있다는 점에서 주목할 만하다.

앞으로 서울이 더 커지고 강해질 것이라는 데 이견이 있기 힘들다. 서울에 주택 투자를 해야 하는 이유는 더 설명하지 않아도 알 수 있다.

소유보다 거주에 방점 찍는 MZ세대

지금까지 베이비부머가 주거 트렌드를 이끌어왔다면 앞으로는 MZ세대가 주도할 것이다. 이들이 지닌 특성 가운데 눈여겨봐야 할 것이 합리성과 실용성이다. 하지만 이들은 돈이 많지 않다. 운용할 수 있는 자산이 많지 않은 MZ세대일수록 실용성에 방점을 찍을 가능성이 높다. MZ세대는 정보 접근성이 뛰어나고 사회 현상이나 흐름에 민감하다. 주택을 실용적인 관점에서 보기 시작하면서 과거 부모 세대가 해왔던 주택 투자 방식에 의문을 제기한다.

합리성과 실용성으로 중무장한 MZ세대

비혼족과 나홀로 세대가 증가할수록 주거 트렌드에 미치는 영향도 증가한다. 비혼족 중심의 MZ세대가 선호하는 주거 형태는 기존 주택과 개념부터가 다르다.

이들에게 가장 중요한 것은 교통이다. 젊은 세대로 내려갈수록 자차 이용률이 떨어지고 있다. 차를 소유하지 않는 사람이 많아지면서 지하철이나 버스 등 대중교통과 잘 연결되어 있으면서 빠르게 도심을 오갈 수 있는 곳을 선호한다. 앞으로는 강남과 여의도 등의 핵심 지역에 주상복합 개념의 주거 공간 매력도가 높아질 수 있다. 주상복합 시설은 대부분 상업지 안에서도 교통 요지나 중심지에 들어선다.

주거 편의성도 무시할 수 없다. 빨래, 요리 등 가사 활동 공간 비중을 낮추는 대신 개인이 점유할 수 있는 공간을 넓히는 쪽에 점수를 준다. 일례로 집 안에 세탁기를 들이는 대신 빨래방 등의 편의 시설이 잘 갖춰진 곳을 선호할 수도 있다. 비혼 MZ세대의 경우 서울 도심의 땅값 비싼 핵심지에 살 가능성이 높은데, 비싼 땅에 사는 만큼 공간을 효율적으로 이용할 수 있는 주거 형태에 더 높은 점수를 준다. 이들에게는 큰 집의 매력도는 낮다. 청소나 각종 관리비용이 증가하는 것은 부담스러운 일이다.

독신자를 위한 커뮤니티 시설도 진화하고 있다. MZ세대를 겨냥해 분양되는 최근의 주거형 오피스텔에서 가장 눈에 띄는 것이 커뮤니티 공간이다. 함께 모여 운동을 하거나 음료를 나누며 교류할 수 있는 공동 공간이 강조되고 있다. 일반 아파트 커뮤니티 시설과 달리 거주자들이 만나 교류하거나 소통하는 것에 중점을 두고 있으며, 독신자끼리 서로 친분을 쌓을 수 있게 운용되고 있다.

나 홀로 사는 MZ세대가 증가할수록 이들이 원하는 집에 대한 가치는 높아질 것이다. 주택 투자를 할 때 가족 중심의 공간뿐 아니라 핵개인화가 되는 요즘 트렌드에도 관심을 기울인다.

아파트 인기, 앞으로도 계속될까?

주거 문화가 변화하면서 미래에도 지금과 같은 형태의 아파트가 사람들에게 매력적으로 어필할 수 있을지 의구심이 생긴다. 수십 년 후에도 아파트의 인기가 지속될 수 있을지 다양한 차원에서 살펴봐야 한다.

우선, 아파트는 당분간 인기 있는 재테크 투자 수단이 될 것이다. 그러나 다양한 요인으로 인해 투자 매력이 감소하는 시점에 와 있다. 투자 매력이 감소한다는 것은 아파트 가격 상승의 기대감이 낮아진다는 의미다. 아파트 투자 수익성이 낮아지면 주거 형태로의 아파트 선호도 역시 떨어질 가능성이 높다.

지방 소멸과 서울 집중화는 필연적이다. 하지만 동시에 전체 인구 규모는 줄어든다는 것을 반드시 염두에 둔다. 인구 밀집도가 높은 재개발 초고층 아파트가 10~20년 후에도 인기가 있을지 고민해봐야 한다.

결론적으로 앞으로 주거 시장은 다양한 변화를 앞두고 있다. 개별 물건별로 투자 매력도가 변화할 수 있으며, 정부 정책 변화, 주거 양극화, 나홀로 사는 MZ세대 증가 등 다양한 변수를 염두에 두고 투자 흐름을 짚어나가야 한다.

주거 문화의 진화

아파트를 바라보는 두 가지 관점이 있다. 하나는 투자 대상으로서의 아파트다. 입지가 중요한 선택 기준이며, 잘 고르기만 한다면 최고의 재테크 투자 수단으로 활용할 수 있다. 두 번째는 거주 공간으로서의 아파트다. 살기에

편한지, 안전하고 쾌적한지 등 실거주 측면에서 바라본 관점이다. 지금은 재테크도 가능하고 살기에도 편리한 두 가지 장점을 동시에 추구하는 아파트 전성시대다.

주거 양산 체제의 산물

우리나라에 처음 아파트가 지어질 때와 지금을 비교하면 개념이 많이 달라졌다. 1970년대만 해도 폭증하는 서울 인구를 받쳐줄 집이 부족하다보니 찍어내듯 양산한 공동주택에 가까웠다. 집을 지어야 하는데 공간이 많지 않으니 단독주택지와 일반 택지, 산 등을 허물어 주공아파트와 같은 공공주택도 많이 지었다. 주공아파트는 돈이 많지 않은 사람들도 들어가서 살 수 있었다.

아파트라는 주거 형식은 우리나라 사람들의 성향과도 잘 맞아떨어졌다. 신축을 선호하는 것은 당연하지만, 천편일률적으로 똑같이 지어진 집에 대해 별 거부감이 없었다.

1980~1990년대까지 건축 관련 일을 하는 사람들이 기억하는 장면이 있다. 구청이나 시청 앞에 가면 '허가방'이라는 곳이 있었다. 허가방은 찍어내듯이 집 도면을 설계한 후 관공서의 허가를 일사천리로 받아주던 곳이다. 지금도 여전히 서울 도심 지역 안쪽으로 들어가면 빨간 벽돌의 오래된 빌라나 단독주택이 쌍둥이처럼 즐비하게 서 있는 모습을 목격한다. 허가방에서 받아준 설계 도면으로 지으니 외관이 구별하기 힘들 정도로 똑같다. 이런 집에 대한 개념은 아파트 대중화와 매끄럽게 연결되었다. 똑같은 모양과 구조의 주

거 공간에 대한 거부감이 없으니 아파트 역시 빠르게 우리 문화로 흡수될 수 있었다. 아파트의 구조와 형태가 같아 가격이 규격화되는 장점도 생겨났다. 아파트가 인기 재테크 수단이 될 수 있었던 비결이기도 했다.

브랜드 아파트의 등장

1990년대 말부터 브랜드 아파트가 등장하기 시작했다. 경제 호황기가 이어지면서 국민 소득과 생활 수준이 올라갔고, 아파트에 대한 눈높이도 높아졌다. 기존의 평범하고 천편일률적인 아파트와 달리 새로운 아파트 상품을 원하기 시작했다. 건설사도 이에 부응했다. 삼성은 래미안, 현대는 현재 힐스테이트의 전신인 현대홈타운, 대림은 이편한세상 등의 이름을 만들어서 아파트 시장 판도를 바꾸어나갔다. 이때 주목받은 것이 주상복합 아파트다. 타워팰리스를 필두로 새로운 주거 형태가 선보여지면서 기존의 아파트 설계에도 영향을 미쳤다. 타워팰리스는 미국의 팰리스 브랜드를 가져와 미국 고층 주상복합 아파트와 똑같이 지은 것이다.

타워팰리스를 필두로 선진화된 주거 공간을 만드는 설계 방식이 국내 건설사가 시공하는 아파트에도 반영되기 시작했다. 민간 아파트의 발전 속도는 빨랐다. 브랜드 이름만 바뀐 것뿐만 아니라 질적 성장도 거듭했다. 발코니 확장, 포베이 등의 개념도 자리 잡았다. 단순했던 아파트 공간이 세분화되면서 다양한 편의 시설이 갖춰졌고, 평면 구성 역시 진화했다.

새로운 공간 개념

요즘 아파트는 쓰리베이인지 포베이인지를 따진다. 베이(Bay)는 외부를 향해 난 전면 창과 붙어 있는 방이 몇 개 인지에 따라 결정된다. 이때 거실도 방의 개수에 포함된다. 과거 우리나라에 지어진 아파트는 쓰리베이가 많았다. 34평형 아파트를 예로 들면 햇빛이 드는 방향으로 거실과 방 2개를 배치한다. 거실과 주방이 직선상에 위치해 환기와 통풍이 잘되며 현관 입구에서 방이 멀기 때문에 사생활이 보호된다. 하지만 쓰리베이 아파트는 전형적인 구식 아파트 설계이기도 하다.

요즘에는 포베이 아파트가 많이 등장하고 있다. 햇빛이 드는 방향으로 거실 1개와 방 3개가 일렬로 놓인 구조다. 모든 방의 채광과 통풍이 좋지만, 복도가 길어지면서 세로로 긴 집이 만들어진다. 복도 면적이 증가하면서 방과 거실 등 실사용 면적이 줄어드는 것은 단점으로 지적된다.

1980년대에 지어진 아시아선수촌아파트와 지금 지어진 아파트를 비교하면 전혀 다른 공간처럼 보인다. 아파트 평면 설계가 시간이 지날수록 진화하면서 과거와 달리 새로운 구조와 요소를 만들어내고 있다. 서비스 면적이 늘어나는 것은 물론 마감재도 고급스럽다. 최첨단 시설로 중무장한 새 아파트에 살면 삶의 질이 훨씬 높아지는 느낌이다. 투자자라면 신축 아파트의 투자 매력도가 높아진다는 것에 방점을 찍어야 한다.

커뮤니티 차별화

아파트 평면 설계의 다양화, 세분화를 넘어 새로운 차원의 아파트가 등장하고 있다. 과거에는 단지 안에 운동할 수 있는 헬스 시설만 있어도 인기였다. 지금은 고급 커뮤니티 시설로 사람을 끌어들인다. 2000년대 초반부터 아파트 단지에 수영장이 만들어지기 시작했는데 지금은 인피니티 풀로 진화하고 있다. 초록색 그물망이 쳐있던 골프 연습장은 스크린골프장과 라운지가 있는 연습장으로 바뀌고 있으며, 필라테스나 요가 전용 공간으로 쓸 수 있는 GX룸, 사우나 시설은 물론 반려동물 샤워장까지 갖추고 있다. 아이들을 위한 키즈 라운지, 전용 영화관, 카페는 물론 조식 서비스를 하는 단지도 늘고 있다.

아파트 커뮤니티 시설의 차별화는 아파트 고급화와 같은 개념으로 쓰이고 있다. 문제는 공사비가 증가하면서 덩달아 분양가도 높아진다는 것이다. 매달 내야 하는 관리비 역시 만만치 않다. 하지만 소비자들이 이런 고급 커뮤니티 시설에 환호하자 새 아파트와 구축 아파트 사이의 가격 차이는 계속해서 벌어지고 있다.

옵션 비용이 증가하고 있다!

원래 아파트 발코니 확장은 불법이었다. 운 나쁘면 벌금을 내기도 했다. 하지만 주상복합 아파트가 등장하면서 발코니 확장이 합법화되었다. 주상복합 아파트는 허용하면서 아파트는 왜 안 되냐는 반발이 거세었기 때문이다. 하지만 소비자에게 불리한 점도 생겨났다. 발코니 확장은 대부분 옵션 사항이다. 분양가가 저렴해서 분양받았는데, 발코니 확장 등 이런저런 옵션 비용이 추가되면서 분양가에서 1~2억 원 뛰는 것이 우습게 되었다. 옵션이라고 해도 필수처럼 여겨 다들 선택하게 되니 소비자 입장에서는 억울할 수도 있다. 건설사는 분양가를 마음대로 높일 수 없으니 옵션 항목을 늘려 더 많은 이윤을 추구한다. 정부도 세금을 더 걷을 수 있다. 발코니 확장으로 실사용 면적이 넓어지면 넓어진 공간만큼 취득세와 등록세를 추가로 부과한다. 발코니 확장을 한 세대와 하지 않은 세대의 취등록세가 달라지는 이유다. 건설사와 정부가 서로 윈윈하는 구조 속에서 일반 소비자가 부담하는 옵션 비용만 증가하고 있다는 지적이 나온다.

분양 방식의 변화

지금까지 아파트 분양은 대부분 사전 청약 형태로 이뤄졌다. 건설사와 디벨로퍼 역시 사전 청약을 선호한다. 사업 자금을 조달하기가 쉽기 때문이다. 하지만 사전 분양을 하면 분양가상한제가 적용된다. 민간 건설사가 함부로 분양가를 높일 수 없었으므로 부동산 투자 시장 측면에서 청약 아파트는 소비자들에게 꽤 매력적인 아이템이었다.

사전 분양의 반대개념으로 후분양이 있다. 건설사가 후분양을 선택하면 분양가상한제를 피해갈 수 있다. 분양가상한제 적용을 받지 않으니 건설사가 원하는 가격으로 분양가를 높일 수 있다. 고가 아파트 시장과 하이엔드 오피스텔 시장에서 후분양이 많은 것은 이런 장점 때문이다.

최근 부동산 규제 정책이 완화되면서 분양가상한제를 적용받는 지역이 대부분 사라졌다. 물론 강남이나 용산 등은 아직 예외다. 하지만 강남 요지를 제외한 서울 대부분 지역에서 분양가상한제 적용을 받지 않게 되자 민간 건설회사가 분양하는 아파트 가격이 치솟고 있다. 건설사와 언론사는 '건축비가 높아지기 때문에 지금이 제일 싼 분양가'라는 논리를 펴고 있다. 분양가가 비싸다는 것은 소비자 입장에서 초기 투자 비용이 높아진다는 의미다. 초기 투자 비용이 높아질수록 투자 수익률은 낮아진다. 최근 분양가가 고공 행진을 거듭하고 있는 민간 건설회사의 아파트 분양에 무작정 뛰어드는 투자자들이 있다. 다시 한번 꼼꼼히 따져보고 투자할 것을 권한다.

후분양 아파트의 장단점

아파트 후분양제도가 소비자 입장에서 유리하게 작용할 때도 분명 있다. 우선 건설사가 시공한 아파트에 대한 신뢰도가 높아진다. 기존의 아파트를 선분양하는 방식에서는 건설사가 사업 자금을 미리 끌어다 쓰는 사업 방식이었기 때문에 자본력이 약한 건설사도 쉽게 아파트 청약 사업을 벌일 수 있었다. 부실 공사 문제나 사업이 중도에 멈추는 등 사업주가 '나 몰라라' 하는 상황이 쉽게 연출될 소지가 있었다. 이러면 피해는 항상 소비자의 몫으로 돌아온다. 하지만 아파트 후분양제도는 자본력이 있는 건설사가 들어오기 때문에 이런 문제점이 어느 정도 해결된다.

아파트 하자 보수를 사전에 걸러낼 수 있는 안전장치도 마련된다. 지금까지는 부실 공사가 문제가 되어도 '하자 이행금을 냈으니 그거 찾아서 보수하

세요'라고 건설사가 발뺌하면 소비자는 달리 방법이 없었다. 하지만 아파트 후분양제도에서는 소비자가 건설된 아파트를 미리 살펴보고 청약할 수 있다. 문제가 있는 아파트라고 소문이 나면 청약을 꺼리기 때문에 건설사 입장에서도 신경 써서 건물을 지을 확률이 높다.

후분양의 단점으로 꼽히는 것은 고분양가다. 건설사가 모든 사업 비용을 감당하기 때문에 아파트 분양가가 높을 수밖에 없다. 분양가가 비싸서 사람들이 청약하지 않으면 가격이 내려가야 하는 것이 시장 논리지만, 아직 우리나라에서 아파트 분양가를 인하했다는 소식을 접하기 힘들다. 건설사는 청약 경쟁률이 낮더라도 다 팔아치울 수만 있다면 분양가를 높이는 쪽에 배팅하기 때문이다. 실제로 높은 분양가로 논란이 일어도 소비자들은 청약 시장으로 앞다퉈 모여들기도 한다. 거듭 말하지만, 아파트를 구매하는 소비자 입장에서 초기 투자 비용이 높으면 수익률이 떨어진다. 아파트를 높은 가격에 분양받았는데 부동산 시장이 하락세에 접어들기라도 하면 손해는 고스란히 투자자 몫으로 되돌아온다는 것을 잊지 않아야 한다.

아파트 양극화

아파트 가격도 지역별로 차별화되고 있다. 넓게는 수도권과 지방이 갈린다. 수도권 안에서도 판교나 과천, 광교 등 고가 아파트가 많은 지역과 그렇지 않은 지역으로 구분된다. 서울에서도 20억 원을 훌쩍 뛰어넘는 요지와 10

억 원 안팎의 중산층이 사는 지역이 갈리고 있다. 서울 외곽으로는 10억 원대 미만의 아파트가 포진하고 있다. 지역별로 가격이나 수요 변화가 다르게 나타날 수 있으므로 지역 특성을 제대로 파악할 필요가 있다.

서울은 강남 3구 외에 용산, 성수, 여의도 지역의 강세가 두드러진다. 현재 가장 인기 있는 지역이며, 20~30억 원 대의 아파트가 주류를 이룬다. 50억 원을 넘는 초고가 아파트도 쉽게 찾아볼 수 있다. 마포권역을 비롯해 강북 요지의 아파트 가격은 10억 원에서 15억 원 정도가 많다. 지역별 가격대별 아파트의 계층화, 양극화는 계속 강화될 것으로 보인다.

개인의 소득 수준에 따라 사는 지역과 아파트 가격대가 갈리는 것은 어쩌면 당연한 현상이다. 하지만 아파트라는 규격화된 자본 상품이 대거 등장하면서 이런 계층화가 쉽고 빠르게 고착되고 있다는 점에 주목해야 한다.

초고가 주택의 등장

경제 규모가 커지고 자산가가 늘어날수록 부의 양극화는 필연적이다. 주택을 소비하는 수준도 자산 규모에 맞춰 세분화하고 있다. 슈퍼 리치는 단독주택을 선호하고, 일반적인 부자는 특정 지역의 고가 아파트 위주로 투자하고 있다. 일반 투자자는 돈 되는 곳이라면 어디든 찾아다니고 있다.

자산가들이 많이 사는 지역에서도 계층화가 이뤄지고 있으며, 강남 안에서도 일반적인 부자와 슈퍼 리치가 구별되기 시작했다. 100억 원을 훌쩍 뛰어넘는 초고가 주택이 등장해 인기리에 판매되는데, 이런 고가 주택은 아파트뿐만 단독주택, 도시형 타운하우스, 고급 오피스텔 등 다양하다. 슈퍼 리치에 가까울수록 프라이버시를 중시한다. 이런 분위기를 바탕으로 강남과 강북의 특정 지역에서 고급 단독주택에 대한 수요가 늘어나고 있다. 과거 아파트 쏠림 현상이 벌어졌을 때는 인기가 없었으나 지금 도심 안쪽의 단독주택은 초고가 자산 시장에서 매력적인 아이템으로 등장하는 중이다.

슈퍼 리치는 어떤 집에 살까?

한쪽에서는 고급 커뮤니티 시설이 강조된 신축 아파트가 인기를 끈다. 다른 한쪽에서는 고가 아파트 그 너머의 세상도 만들어지고 있다. 강북은 성북동과 평창동을 중심으로 오래전부터 부촌이 존재해왔다. 최근에는 도심형 타운하우스 형식의 고급 빌리지가 들어서고 있으며 여전히 과거의 명성을 이어가고 있다. 강남의 청담동과 삼성동 일부 지역에는 빌라 또는 단독 주택단지가 재개발되거나 고급화되면서 업그레이드되고 있다. 이곳의 집들은 호가 100억 원을 가뿐히 넘기며 그들만의 세상을 만들고 있다.

슈퍼 리치가 선호하는 주거 형태의 최근 대세는 단독형 타운하우스다. 과거에도 타운하우스가 유행처럼 번진 적이 있었는데, 당시에는 경기도권에 주로 지어졌다. 집이 크고 관리하기 어려운 데다 서울 접근성이 떨어지면서 경기도권 타운하우스의 인기는 빠르게 시들어갔다. 시간이 흐르면서 서울 도심권 한복판에 타운하우스 개념의 고급 단독형 빌리지가 등장하기 시작했다. 청담동이나 삼성동, 한남동이나 성북동 등 서울에서 땅값 높기로 소문난 곳이 중심이 되었다. 서울 도심과 가깝고 교통이 편하며 무엇보다 프라이버시를 보호하는 데 유리하다. 대부분 1종 일반주거지역에 위치하기 때문에 아파트와 같은 공동주택에서 필연적으로 발생하는 이웃과의 접촉을 피할 수 있어 슈퍼 리치들이 선호한다. 강남 지역에서는 경기고등학교 인근과 삼성동 아이파크 주변, 대치동 일부에 위치한 1종 일반주거지 등이 앞으로 단독형 고급 타운하우스로 개발될 것으로 보인다. 강북에서는 성북동과 평창동, 용산 정비창과 수송부지 인근도 주목할 만하다. 특히 수송부지를 중심으로 한 인근 지역은 용산공원과 인접한 장점을 누릴 수 있어 고급 주거단지로 개발될 가능성이 높다. 이런 고급 주거지에 지어지는 주택을 소비할 수 있는 계층은 극히 한정되어 있다. 이들은 막대한 부를 소유하고 있으며, 주택을 구입할 때 가격에 구애받지 않는 계층이다.

초고가 하이엔드 오피스텔의 등장도 눈여겨봐야 한다. 용산 수송부지에는 평당 1억 원을 호가하는 주상복합 아파트와 오피스텔이 들어설 예정이다. 부산 해운대는 바다를 조망할 수 있는 입지에 한 채에 100억 원이 넘는 오피스텔을 분양하고 있다. 청담동의 주상복합 아파트 역시 20세대 남짓한 규모지만 분양가가 150억 원을 뛰어넘는 곳도 등장했다.

집의 가치

슈퍼 리치가 집을 바라보는 시각은 우리가 생각하는 것과 다르다. 100억 원 주고 산 집이 150억 원 되었다고 좋아하는 것은 일반인의 생각이다. 슈퍼 리치는 사업 등 다른 일을 통해 돈은 넘치게 벌어들이고 있다.

슈퍼 리치가 제일 중시하는 것은 프라이버시다. 아무리 고가 아파트라고 해도 공동주택은 엘리베이터를 이용하거나 주차장을 오갈 때 필연적으로 타인과 섞여야 한다. 층간 소음에서도 자유롭지 않다. 음악을 크게 듣고 싶어도 이웃의 눈치를 봐야 한다. 커뮤니티 시설이 고급화되어 있어도 보는 눈이 많으면 불편하다고 느낀다.

프라이버시 못지않게 연결성도 중요하다. 비슷한 수준의 사람들과 관계를 맺으며 네트워킹하는 것이다. 끼리끼리의 문화를 만들어 외부인이 함부로 들어오지 못하게 하려는 배타성도 드러낸다. 강남이나 서초, 반포, 성수 등 고가 아파트가 많은 지역에 사는 부자들이 단독형 주택단지에 관심 두는 사람들이 증가하고 있다. 고급 주택을 소유한 사람들 사이에서도 양극화는 필연적이다.

그들만의 시장

일반 소비자는 이해하기 쉽지 않은 그들만의 시장이 있다. 부산 해운대에 들어서는 오피스텔 사례가 좋은 예다. 우선 분양을 받기만 하면 차 두 대가 덤으로 딸려온다. 이름만 들어도 알 수 있는 수억 원대의 명품 스포츠카다. 주차장은 리프트 형태로 되어 있어 위아래를 오르내린다. 1층에 차를 세우면 알아서 내 집 거실 앞에 주차해준다. 주차장이 리프트 형태로 되어 있으면 이웃이나 외부인의 시선에서 완벽하게 자유로울 수 있다.

기존의 공동주택에서는 주차장에 차를 세운 후 내려서 다시 엘리베이터를 타는 과정에서 본의 아니게 타인과 접촉하는 순간이 발생했다. 이 과정에서 프라이버시를 중시하는 연예인이나 사업가 등 유명인의 사생활이 대중에게 공개되기도 했다.

해운대 오피스텔 분양가는 가장 싼 곳이 111억 원이며 대부분 150~200억 원 선이다. 슈퍼 리치에게 200억 원은 큰돈이 아니다. 유명 연예인이나 일타 강사, 인기 유튜버도 수십, 수백억 원의 집을 현금으로 사는 세상이다. 재벌이나 준재벌은 말할 것도 없다.

초고가 주거 시설을 오피스텔로 분양하는 데에도 이유가 있다. 오피스텔은 법인이 업무 공간으로 활용할 수 있다. 개인이 매입하기보다 법인으로 매입해 다양한 세제 혜택을 누리는 동시에 세컨하우스 개념으로 활용할 수 있어 슈퍼 리치가 선호한다.

장기보유특별공제는 유효한가?

주택 투자의 장점은 세금 혜택이다. 그중에서도 가장 큰 혜택이 장기보유특별공제(이하 장특공제)다. 주택을 일정 기간 이상 시간 보유, 거주하면 양도차익금의 최대 80%까지 공제해준다. 이런 세제 혜택은 일반 상업용 부동산에서는 찾아볼 수 없는 주택 투자만의 특징이기도 하다. 주택에 투자할 때 수익률을 높이려면 장특공제를 잘 이해할 필요가 있다.

장특공제는 시대에 따라서 조금씩 변해왔다. 지금은 1세대 1주택 요건과 보유 10년, 거주 10년 요건을 모두 채우면 최대 80%까지 세금을 감면받을 수 있다. 양도소득세는 최대 82.5%까지 매겨지는 어마어마한 세금이다. 이 세금을 줄일 수만 있어도 투자 수익률은 수직으로 상승한다.

〈장기보유특별공제율(소득법)〉

[표 1] 일반적인 경우 장기보유특별공제율

보유 기간	3년	4년	5년	6년	7년	8년	9년	10년	11년	12년	13년	14년	15년 이상
공제율	6%	8%	10%	12%	14%	16%	18%	20%	22%	24%	26%	28%	30%

－ 〈1세대 1주택〉 보유기간이 3년 이상이나 거주기간이 2년 미만인 경우 표 1 적용

[표 2] 1세대 1주택 장기보유특별공제율

구분		3년~	4년~	5년~	6년~	7년~	8년~	9년~	10년~
공제율	보유기간	12%	16%	20%	24%	28%	32%	36%	40%
	거주기간	12(8*)%	16%	20%	24%	28%	32%	36%	40%
	합계	24(20*)%	32%	40%	48%	56%	64%	72%	80%

－ 〈1세대 1주택〉 보유기간이 3년 이상이고 거주기간이 2년 이상인 경우 표 2 적용
－ 〈1세대 1주택〉 보유기간이 3년 이상(12%)이고 거주기간이 2년 이상 3년 미만(8%)인 경우 20% 적용

출처 : 국세청

주택 투자의 장점

A아파트를 30년 전 5억 원에 구입했다고 가정해보자. 현재 시세가 50억 원으로 올라 가격이 열 배 상승했다. 이 아파트를 지금 팔면 매도 차익금 45억 원이 생긴다. 얼핏 보면 큰돈이지만 양도소득세를 내고 나면 이야기는 달라진다. 운이 나빠 양도소득세를 최대로 냈다고 가정하면(82.5%) 세금만 약 37억 원이다. 세금 내고 나면 8억 원 정도가 남는다. 오른 금액은 45억 원이지만 팔면 내가 손에 쥘 수 있는 돈이 8억 원에 불과하다.

장특공제 혜택을 적용해보자. 1세대 1주택 요건을 충족하면 우선 12억 원까지는 비과세다. 따라서 양도차익금 45억 원에서 양도가액 중 12억 원 초과분의 비율만큼 양도세가 부과되어 34억 2,000만 원이 과세 대상이 된다.

여기에 장특공제 80%를 적용하면 27억 3,600만 원은 세금이 면제된다. 나머지 6억 8,400만 원에 일반세율 42%를 적용하면(6억 8,400만 원 × 42%) 2억 8,728만 원이다. 장특공제를 받지 못하면 37억 원의 세금을 내야 하지만, 장특공제가 적용되면 2억 8,728만 원의 세금만 내면 된다. 전자에서 8억 원의 수익이 났다면 장특공제 후에는 42억 1,272만 원이 고스란히 내 수익으로 남는다. 이런 혜택을 받을 수 있는 부동산 상품은 주택밖에 없다(참고 : **필요경비 및 누진공제를 적용하지 않은 산식임**).

장특공제는 부동산 가격이 높으면 높을수록 커다란 힘을 발휘한다. 30년 전 1억 원에 산 B아파트를 현재 100억 원에 판다고 가정해보자. 양도차익금만 99억 원이다. 위의 과정을 따라 장특공제 80%를 적용하면 세금이 7억 원 정도다. 어림잡아 90억 원이 고스란히 수익으로 남을 수 있다. 양도차액이 많을수록 장특공제가 어마어마한 혜택이라는 것을 알 수 있다.

실제로 이런 경우가 우리 주변에 많다. 압구정 현대아파트의 최근 실거래가가 120억 원을 찍었다는 뉴스가 나왔다. 분양 초기부터 지금까지 계속 거주한 원주민이라면 장특공제 혜택으로 막대한 수익을 거둘 수 있다.

하지만 이제부터는 다르게 접근해야 한다

앞서 언급했던 것처럼 주거시설은 인간이 살아가는데 필수적인 요소다. 정부는 국민의 주거 환경을 안정시켜줘야 할 의무가 있으므로 장기 보유를 적극적으로 지지한다. 주택을 한 채만 보유하거나 오랫동안 보유하면 장기적으로는 부동산 시장이 안정되고 급격한 가격 변동도 방지할 수 있다. 정부가 장특공제 혜택을 주어 장려하는 이유다. 하지만 이제부터가 문제다. 예전처럼 장특공제를 활용해 수익을 내는 것이 힘들어지고 있다.

2024년 현재 30억 원 아파트를 샀다고 가정해보자. 가진 돈 20억 원에 은행 대출 10억 원(이자 5%)을 받았다. 취등록세 1억 2,000만 원(다주택자), 여기에 매년 재산세와 종합부동산세 등으로 5,000만 원을 낸다. 1년간 내야 하는 은행 이자도 5,000만 원이다. 장특공제를 받기 위해 10년 보유한다고 가정하면 그 10년 동안 발생한 비용만 10억 원에 이른다. 엄청난 유지 비용이다.

앞서 장특공제 혜택에서 사례를 든 A아파트나 B아파트는 오래전에 구입한 것이기 때문에 갖고 있는 동안 세금 비중이 높지 않았다. 처음 구입가격부터가 워낙 저렴했고, 과거 세율은 지금과는 비교할 수 없이 낮았기 때문이다. 주택에 부과되는 세금이 부쩍 높아진 건 최근 몇 년 사이 일이다. 그러니 수십 년 전에 집을 사서 장특공제 혜택을 누리는 것과 2024년 현재 집을 사서 앞으로 장특공제 혜택을 누리는 것에는 분명한 차이가 있다.

지금도 많은 사람이 장특공제와 12억 원까지 비과세를 기대하며 주택 투자를 감행한다. 따지고 보면 주택 가격이 반드시 올라주어야 비과세 또는 장특공제 혜택을 받을 수 있다. 만약 10년이 지났는데 아파트 가격이 오르지 않는다면? 보유하는 동안 낸 세금과 기타 비용이 온전히 손해로 돌아오는 상황이다. 실제로 장특공제가 의미가 있으려면 주택 가격이 최소 50% 이상은 올라줘야 한다. 그런데 앞으로의 주택 부동산 시장 상황이 만만치 않다. 사두기만 하면 무조건 오르던 시장은 이미 지나갔다는 것을 앞장에서 짚었다. 장특공제를 노리고 주택에 투자하라는 조언을 하기가 현재로선 쉽지 않다.

재건축 아파트와 장특공제

살던 아파트가 재건축 되어서 새 아파트를 얻는 경우도 있다. 이러면 양도차액이 발생한 것이 아니어서 아파트 가격 인상분을 고스란히 챙길 수 있다고 생각한다. 과연 그럴까?

2024년 현재 시세 30억 원 하는 구축 아파트를 구입했다고 가정해보자. 재건축을 기대하며 매수했기에 몸테크도 감내해야 하는 상황이다. 재건축 후 새 아파트의 예상 매매가격은 50억 원이다. 이 상황에서 제일 먼저 떠오르는 건 '세금 안 내도 되겠다'라는 안도감이다. 헌 아파트 주고 새 아파트 받아서 생긴 부가적인 이득이니 양도소득세를 내지 않아도 되기 때문이다.

하지만 재건축은 빨라야 10년이고 일반적으로 15년 정도 걸린다. 지금까지 수많은 재건축 아파트의 진행 과정을 통해 나온 통계다. 30억 원 하는 아파트가 재건축되기까지 15년 이상 보유하면 그동안 내야 할 재산세와 종합부동산세 등을 계산해야 한다. 1세대 1주택 요건을 충족하면 모를까 만약 2주택자가 되면 매년 수천만 원을 세금으로 내야 한다. 15년간 보유한다고 가정했을 때 세금만 최대 6~7억 원까지 낼 수 있다. 은행 대출까지 있으면 유지 비용은 더 늘어난다. 10억 원을 연 5%에 대출받았다면 15년간 이자 비용만 약 7억 5,000만 원이다. 세금과 이자를 합치면 약 15억 원의 비용이 발생한다.

여기서 끝난 것이 아니다. 재건축 아파트에는 분담금이 존재한다. 재건축 사업에 차질이 생기면 분담금은 눈덩이처럼 커진다. 둔촌 주공아파트 사태에서 알 수 있듯이, 늘어나는 비용은 결국 소유자가 모두 감당해야 한다. 최근 강남의 재건축 아파트 중에서 수억 원의 분담금을 내는 경우도 등장했다.

또 하나 복병이 숨어 있다. 재건축초과이익환수제도다. 이 제도가 곧 사라질 것처럼 말하는 사람도 있지만, 현재까지는 유효하다. 20억 원의 시세 차익금이 생기면 재건축초과이익환수금도 부과된다. 좀 과장해서 말하면, 30억 원 하는 구축 아파트로 몸테크 한다고 한들, 15년 후 새 아파트 받아서 20억 원이 올라도 각종 세금과 비용을 제외하면 남는 것이 없을 가능성이 높다.

이런 전후 사정을 따져보지 않고 과거 장특공제 혜택을 상상하며 재건축 아파트에 투자하는 사람들이 아직도 많이 존재한다. 지금부터 재건축 아파트에 투자하겠다면 가장 먼저 할 일은 세금과 비용 등 내 돈이 얼마나 투자되는지 계산부터 해야 한다.

일시적 1세대 2주택의 유예기간

일시적 1세대 2주택의 제도 변화에도 주목해야 한다. 이 제도를 잘 활용하면 두 번째 주택을 구입한 사람이 기존에 살던 집을 정해진 기한 안에 팔아 양도소득세를 면제받을 수 있다. 주택을 갈아타려는 수요자에게 요긴한 제도인 동시에 집값이 폭등하는 시기에 양도소득세를 면제받을 수 있어 투자 수익률을 높일 수 있다.

문제는 기간이다. 두 번째 집을 구입하고 3년이 지나기 전에 첫 번째 집을 팔아야 혜택을 받는다. 하지만 이 기간이 들쑥날쑥하다. 과거 정부에서는 3년에서 2년으로 유예기간을 단축시켰다. 3년을 예상하고 투자한 사람은 낭패를 볼 수 있다. 최근에는 다시 3년으로 늘었다. 유예기간이 고무줄처럼 변하다보니 소비자 입장에서는 적용하기 힘들다. 거듭 말하지만, 부동산 투자는 정책과 세금에 좌우된다. 세금과 부동산 정책은 정부 성격에 따라 수시로 바뀌므로 보수적으로 접근할 필요가 있다. 2023년 현재 일시적 1세대 2주택자는 3년의 유예기간이 주어졌다. 하지만 투자자라면 2년이라는 보수적인 생각으로 투자하길 권한다. 제도는 언제 또 바뀔지 알 수 없다.

주택 투자하기 전,
이것만은 반드시 기억하라

주택 시장 투자 위험도가 증가하고 있다.
주택 투자 체크리스트 5가지를 살펴보자.

공급 부족 집값 상승론

부동산은 정성적(定性的)인 데이터가 많다. 내 아파트와 옆집 아파트의 가격이 다를 수 있다는 뜻이다. 남향인지 북향인지, 인테리어가 잘 완성되어 있는지, 앞 동에 가리는지, 한강이 보이는지 등등 구체적이고 개별적인 조건에 따라 같은 층 같은 평수라도 가격이 달라질 수 있다. 건물 등 상업용 부동산에서는 이런 현상이 더욱 심해진다. 바로 옆에 붙어 있는 건물임에도 매매 산정 가격에 큰 차이가 벌어진다. 개별 상황을 고려하지 않은 채 인터넷에 나와 있는 가격만 믿고 거래하려다 예상과 달라 당황하는 투자자가 많다.

가격뿐만 아니다. 우리는 부동산과 관련된 다양한 정보를 대부분 인터넷에서 얻는다. IT 강국에 살면 인터넷에 떠도는 뉴스를 맹신하기 쉬운데, 부동산 특성상 왜곡되거나 과장되기 쉽다. 시장에 떠도는 정보를 가치 판단의 기준으로 삼으면 투자할 때 손해 볼 수 있다. 일반인에게 공개된 데이터일수록 맞는 정보인지 확인해야 하며, 그런 면에서 지금도 계속 제기되는 공급물량에 대해 반드시 짚고 넘어가야 한다.

공급물량에 대한 편의적 해석

'공급물량이 부족하다'는 말은 부동산 업계의 단골 뉴스다. 2023년 현재에도 아파트 공급물량 부족으로 집값이 오를 수 있다는 뉴스가 자주 등장했다. 뉴스에서 말하는 공급물량과 우리가 알고 있는 공급물량이 같은 내용인지 확인해보자.

주택 공급물량은 신규 아파트 입주물량과 동의어로 사용될 때가 많다. 신규 아파트 입주물량이 주택 공급량에 절대적인 영향을 미치기 때문이다. 언론에서는 신규 아파트 입주물량이 적어져서 공급량이 줄어든다는 식으로 보도한다. 일부 언론 보도에서는 대규모 재건축 프로젝트인 개포 주공1단지 아파트와 반포 래미안원베일리를 입주 예정일 6개월 전까지 공식 입주물량에 포함하지 않은 채 아파트 입주 예정 물량을 전망하기도 했다.

이러한 오보가 발생한 배경을 추측하자면 언론이 지방자치단체의 공식 보도자료 대신, 민간 부동산 업체 등이 산발적으로 제공하는 입주 예정 정보를 기반으로 기사를 작성하는 경우가 있었기 때문이다.

민간 부동산 업체 등이 제공하는 입주 예정 정보는 서울 시내 아파트 입주 예정 물량에 대해 자체적으로 예측해 발표하는데, 모든 분양사업장 자료를 얻는 데 한계가 있다. 공공이 직간접적으로 추진하는 공공주택사업 등도 일부 반영하지 못하기 때문에 공공데이터와 상당한 차이가 있을 수 있다. 이 자료가 언론을 통해 양산되면서 소비자는 잘못된 입주 예정 물량을 접하게 되는 것이다.

그렇기 때문에 공급물량 관련 뉴스가 나올 때마다 의심스러운 시선으로 바라보기보다는 지방자치단체에서 발표하는 입주 예정 정보를 직접 확인해 보는 것을 추천한다. 서울시의 경우, 2023년 2월부터 아파트 입주 예정 물량과 사업리스트를 6개월 주기로 제공하고 있다. 이 사업리스트에는 주택사업유형, 위치정보, 공급세대수, 준공예정년도 등 구체적인 정보를 확인할 수 있다.

입주물량 산정에서 제외되는 그 밖의 주택들

도시형 생활주택, 생활용 숙박시설, 일반 오피스텔, 19세대 이하로 짓는 신축 빌라는 주택 입주물량에서 제외된다. 값비싼 하이엔드 오피스텔도 마찬가지다. 19세대 이상 분양하면 청약 공고를 해야 하므로 19세대 이하로 주거 시설을 짓고 나머지를 오피스텔로 분양하는 경우가 많다. 서울 요지에 지어지는 수십억 원 하는 주상복합 아파트나 고급 오피스텔의 경우 주택 공급물량 산정에서 빠지고 있을 확률이 높다. 이렇게 저렇게 따지고 들어가다

보면 실제로 시장에 공급되는 주택 수와 공식적인 공급물량 사이에는 상당한 차이가 발생할 수 있다.

투자자라면 뉴스에 나오는 '아파트 공급량이 부족하다'는 말의 숨은 뜻을 이해해야 한다. 공급량은 항상 기득권의 입맛에 맞게 가공될 가능성이 높다. 최근까지도 건설사와 언론사가 편의적으로 해석한 입주량과 공급량이 뉴스에 쏟아져 나오면서 시장이 혼란스러워졌다. 무주택자는 '공급량 부족으로 향후 아파트 가격이 오른다'는 뉴스를 보면 집을 사려고 시장에 뛰어든다. 집값이 오르는 것을 두려워하기 때문이다. 최근 불고 있는 청약 시장 광풍도 이런 맥락에서 이해할 수 있다.

언론과 건설사

부동산 뉴스에 나오는 숫자와 통계는 공공 데이터를 기반으로 한다. 우리나라에는 국토부나 기획재정부, 행정안전부 등이 부동산 관련 데이터를 일반에 제공한다. 하지만 앞서 살펴본 것처럼 아무리 공공 데이터라고 해도 입주물량 산정 방식처럼 언론사 보도 방향에 따라 얼마든지 숫자가 가공, 왜곡될 수 있다.

전문가를 자처하는 이들이 뉴스에 나올 때는 특히 주의해서 살펴봐야 한다. 이들은 언론사가 원하는 방향으로 답을 해줄 가능성이 높다. 자신의 밥벌이와 연관되기 때문이다. 이런 사람들일수록 기득권 입장에서 부동산 시장을 해석하는 경향이 있다.

이처럼 언론사는 각종 부동산 통계와 수치뿐 아니라 자사의 입맛에 맞는 전문가를 기용해 뉴스를 만들어 시장에 배포한다. 시장의 왜곡 가능성은 더 커질 수밖에 없다. 국내 언론사 상당수가 건설사를 대주주로 두고 있다. 최근 부동산 관련 기사들이 건설사 입장만 대변하고 있다는 지적이 끊임없이 쏟아지는 이유다. '아파트값이 오르고 있다', '공급량이 부족하다'는 뉴스 헤드라인이 보이면 인용한 통계 수치와 전문가 멘트의 진위를 한 번쯤 의심해 볼 필요가 있다.

고가 아파트 띄우는 자전 거래의 실체

'강남 ○○아파트, ○○억 원 신고가 기록!'과 같은 인터넷 뉴스를 많이 봤을 것이다. 자신도 모르게 클릭해서 기사를 읽게 되는데, 뉴스에 등장한 가격이 실거래가인지, 호가인지, 일반적인 시세인지 모호한 경우가 많다. 하지만 헤드라인만 읽는 사람도 많기 때문에 뉴스에 나온 가격을 시세로 인지할 가능성이 높다. 이런 뉴스는 부동산 호황기뿐만 아니라 가격 반등이 필요한 때에도 자주 등장한다.

집값을 띄우기 위해 인위적으로 가격을 올려서 투자자들이 미끼를 물게 하는 것을 '자전 거래 ' 또는 '실거래가 띄우기'라고 한다. 설마 이런 경우가 많을까 싶겠지만 실제로 꽤 많다.

특수관계인 거래

부동산 현장에서 일하다 보면 은밀하게 들려오는 이야기가 있다. 누가 어떤 방식으로 자전 거래를 해서 집값을 얼마 띄웠다는 이야기도 그중 하나인데, 생각보다 이런 일이 자주 벌어지고 있다.

강남 유명 부동산 중개업자 A씨. 그는 반포 일대의 아파트 4채를 보유하고 있는 큰 손이다. 각각 10억 원씩 갭 투자를 해 4채를 보유했으니 아파트 가격이 내려가면 큰 손해다. 이를 막기 위해 아파트 가격이 하락세로 돌아설 조짐이 보이면 자전 거래를 기획한다.

제일 먼저 시세 30억 원 아파트를 아들에게 35억 원에 판다. 이 집을 다시 딸에게 38억 원에 넘긴다. 아버지는 딸 집을 다시 42억 원에 산다. 30억 원 하던 아파트는 42억 원 시세로 실거래가 등록된다. 결국 A씨의 자전 거래를 통해 해당 아파트가 최고가를 경신하고 뉴스에도 보도된다.

진짜 '선수'들은 적발 당할 여지를 주지 않는다. 법의 테두리 안에서 합법적으로 거래하기 때문에 적발할 수도 없다. A씨의 자전 거래에는 실제로 돈이 오고 간다. 특수관계인 거래는 시세보다 30% 높이거나 낮춰서 매매해도 큰 문제가 없다. A씨와 자녀들은 자전 거래에 필요한 은행 대출 서류도 만든다. 세무조사를 피해갈 수 있다는 의미다. 나중에 조사가 들어와도 서류상으로 흠잡을 데 없는 완벽한 거래가 된다. 하지만 이런 사실을 모르는 일반 투자자들은 실거래가 부풀리기에 속아 넘어간다.

자전 거래 사실을 모르고 맨 마지막에 미끼를 무는 일반 매수자가 등장하면 게임은 끝난다. 시장에서는 최고가를 찍었다는 요란한 소문과 함께 실거래가가 버젓이 등록도 되었으니 매수자는 진실을 알 리 없다. 등기부등본을 떼어 본다고 해도 신원조회를 하지 않는 이상 이들이 특수관계인이라는 것을 확인하기 어렵다. 운이 좋아 시세가 계속 올라가면 상관없지만 만에 하나 집값이 하락하는 시기라면 매수자는 손해를 볼 수밖에 없다.

진짜 선수는 따로 있다

특수관계인 거래만 있는 것이 아니다. 한 아파트 단지 안에서 부동산 중개업체 등 특성 세력들이 힘을 합쳐 거래가격을 띄우는 경우도 많다. '요즘 전세보증금이 많이 떨어져서 문제다'라고 의견이 모이면 서로 물건을 팔고 사면서 가격을 띄운다. A 부동산 중개업체의 물건을 B 부동산 중개업체에서 사고, 다시 B 부동산 중개업체의 물건을 C 부동산 중개업체가 받아주는 식이다. 잠실의 매머드급 아파트 단지 인근에는 부동산 중개업체 수가 200여 곳에 달하기도 한다. 이들 중 몇 개의 중개업체만 참여해도 시세 조작이 가능하다.

사람들이 간과하는 것이 있는데, 대단지 아파트에서 부동산 중개업을 하는 대표 중에는 해당 아파트를 소유한 집주인이 많다. 자기 명의의 집이 있으니 시세 조작에 쉽게 가담할 수 있다. 부동산 중개업체 10군데가 담합해한 번씩 거래하면 가격은 올라간다. 10군데까지도 필요 없다. 5곳이 돌아가면서 2번씩만 거래해도 된다. 계약이 이뤄지면 실거래가를 등록할 수 있으므로, 실거래가를 찍고 3~4개월을 버틴다. 그러면 옆 부동산 중개업체에서 다시 오른 가격의 실거래를 등록한다. 그 와중에 언론이 받아 쓴다. 이 와중에 일반 소비자가 마지막에 와서 호구 잡히면 상황은 끝난다.

실제로 고가 아파트임에도 불구하고 짧은 시간 안에 5~10%씩 오를 때가 있다. 시장이 이렇게 돌아가면 상황을 알 리 없는 일반인들은 마음이 조급해져 덥석 미끼를 문다. 자전 거래를 통한 집값 띄우기는 강남 고가 아파트만의 이야기가 아니다. 서울의 일반 아파트도 얼마든지 자전 거래의 타깃이 될 수 있다.

1%가 99%의 시장을 왜곡한다

얼마 전 국토교통부가 허위 거래로 의심되는 사례 1,000여 건을 조사해 541건을 적발한 적이 있었다. 집값이 하락하는 와중에 유일하게 오른 사례 또는 시세보다 터무니없이 낮게 거래된 사례 등이 조사 대상이었다. 높은 가격에 계약을 맺은 후 취소해 가격을 올리는 경우는 시장을 왜곡시키거나 교란하기 때문에 피해자가 발생한다. 낮은 가격의 거래 역시 상속이나 증여를 위한 탈세 목적이 크기 때문에 위법 행위로 간주될 수 있다.

국토교통부에 따르면 2021년부터 지난해까지 서울 아파트 매매 후 계약 해지한 사례는 총 2,099건이다. 이 가운데 43.7%인 918건이 최고가를 찍은 사례였다. 국토교통부는 최근 2년간 거래된 사례를 중심으로 조사해 적발했는데, 만약 조사 시기를 확대하면 훨씬 더 많은 사례가 숨어 있을 수 있다. 뉴스에 '최고가 경신'이라는 타이틀이 나왔을 때는 한 번쯤 의심의 시선으로 바라봐야 한다.

부동산 데이터 신뢰도 얼마나 높을까?

한국부동산원과 KB부동산은 국내 부동산 가격을 산정하는 대표적인 두 기관이다. 과거 한국감정원에서 이름이 바뀐 한국부동산원은 국토교통부 산하의 공공기관이다. 부동산 시장을 조사해 가격, 통계, 정보 관리 등의 업무를 진행하며 정부가 부동산 정책을 시행하는 데 중요한 역할을 한다.

KB부동산은 국민은행에서 운영한다. 과거 주택은행이 국민은행에 통합되면서 반사 이익을 누리고 있다. 주택은행 시절부터 축적해 온 방대한 주택 가격 데이터를 보유하고 있어 시장에서는 KB 시세를 가장 믿을 만한 부동산 가격 정보로 여긴다. 한국부동산원과 KB시세는 시장에서 '부동산 시세가 오르고 있다' 또는 '내리고 있다'고 말할 때 시세를 제공해주는 대표적인 두 곳이다.

그렇다면 이곳에서 어떻게 가격 정보를 산정하는지 그 과정을 살펴보자. 일반적으로 각 지역에 파트너십을 맺은 부동산 업체에 직접 연락해서 "요즘 가격이 얼마인가?"를 묻고 답하며 거래 가격 정보를 취합한다. 거래가 이뤄졌는지, 이뤄졌다면 얼마에 이뤄졌는지 파악하는데, 만약 실제로 거래된 사례가 없다면 부동산 업체에서 이야기해주는 호가나 시세 등을 바탕으로 산정한다. 가격의 오차 범위를 줄이기 위한 노력도 병행한다. 같은 지역의 부동산 업체 3곳의 정보를 취합해 평균 가격을 산정하는 방식으로 가격을 보정한다.

여기서 두 가지 문제점이 등장한다.

첫째, 현장에서 시세를 확인해주는 부동산 업체가 가격을 띄우기 위해 거 짓된 정보를 제공해도 이를 막을 방법이 없다. 아파트 단지에서 세를 규합해 서 가격을 높이는 시도가 종종 벌어지는데, 이를 일일이 확인하기가 쉽지 않 다. 정보 제공원의 신뢰도가 낮을 경우 왜곡 가능성은 커진다.

둘째, 실거래가 많지 않은 지역은 가격 산정 방식에 문제가 발생할 수 있 다. 1만 세대가 넘는 아파트 단지에서 단 한 채가 거래되었을 때 단지 전체의 시세를 대표한다고 보기 어렵다. 특수관계인 거래가 또는 자전 거래일 가능 성도 배제할 수 없다. 달랑 한 채 거래가격으로 '아파트가 올랐다' 또는 '내렸 다'고 단정 지으면 시세를 왜곡할 가능성이 높아진다.

결론적으로 부동산 관련 데이터를 제공하는 원천 소스는 부동산 업체라 고 볼 수 있다. 이들의 신뢰도를 높이는 방안이 필요하다. 국내 부동산 시장 데이터의 객관성이 높아지면 시장 안정에도 도움을 줄 수 있다.

건축비 산정의 허와 실

건축비가 높아지고 있다는 뉴스가 쏟아지고 있다. 건축비를 산정할 때 다 양한 요소가 영향을 미침에도 불구하고, 우리는 건축비를 단순히 건물을 올 리는데 드는 비용으로 잘못 이해한다. '철근값이 올라서 건축비가 높아질 수 밖에 없다' 또는 '건축비가 앞으로 계속 오르기 때문에 지금이 제일 싸다'는 말이 진짜인지 확인해봐야 한다.

　비싼 건축자재를 쓰면 공사비는 한정 없이 늘어난다. 하지만 2023년 현재 보편적으로 통하는 건축비는 평당 600~700만 원 수준이다. 평당 공사비를 600만 원으로 잡았을 때 철근 가격이 차지하는 비중은 3만 원 정도다. 레미콘 가격도 마찬가지다. 평당 3~4만 원 정도를 차지한다. 따져보면 600만 원 공사비에서 철근값이 차지하는 비율이 1% 남짓하다. 최근 공사비가 평당 1,000만 원으로 올라 신규 아파트 분양가가 비싸질 수밖에 없다는 논리가 팽배하다. 순수한 건축비가 그렇게 올랐다고 보기 힘들다.

　실제로 그 안을 들여다보면 건축비가 올랐다기보다 금융비가 올랐다는 말이 더 타당하다. 아파트를 재건축할 때 규모가 클수록 금융 비용이 많이 든다. 둔촌 주공아파트 재건축의 경우 은행에 내는 이자가 연간 800억 원에 달했다는 소문도 있었다. 공사비만 수조 원이니 금융비 역시 상대적으로 높을 수 있다. 금융비와 인건비는 기본이고, 공사가 지연되면서 감당해야 하는 부대 비용 역시 모두 건축비에 산정된다. 자잿값 인상 외에 여러 다른 요인의 비용 증가가 건축비 인상의 핵심이라는 것을 알아야 한다.

　금융비뿐 아니라 땅값도 건축비에 큰 영향을 미친다. 민간 건설 업체가 분양하는 사업은 토지를 매입할 때 드는 비용이 전체 사업비에서 상당한 비중을 차지한다.

　경기도 외곽 신도시의 경우 주로 택지 개발을 통해 신규 아파트를 분양하는데, 요즘같이 거래가 뜸한 경우 토지 입찰가가 낮아질 가능성이 높다. 평당

2,000만 원에 분양하던 택지를 500만 원에 분양하면 사업비에서 토지 매입비가 차지하는 비중이 많이 낮아진다. 이러면 건축비용 산정에도 영향을 준다. 하지만 토지 매입가가 낮아졌다고 해서 아파트 분양가를 낮추는 경우는 거의 보지 못했다. 오를 때는 신나게 올려도 낮춰야 할 때는 입 꾹 닫는 것이 업계 속성이다. 심지어 건설업계는 언론사와 끈끈한 관계를 맺고 있으니 시장 분위기를 '인상' 쪽으로 몰고 갈 수 있다. 물가가 오르고 있으니 건축비도 오를 수밖에 없다고 분위기를 띄우는 것이다.

최근 강남과 용산 등 땅값 비싼 요지 몇 군데를 제외한 대부분 지역에서 아파트 분양가상한제가 폐지되었다. 그러자 순식간에 아파트 분양가가 치솟았다. 건축비 인상으로 분양가가 계속 높아질 것이라는 건설사 논리에 수요자들이 앞다퉈 분양을 받기도 했다. 시장을 인위적으로 왜곡하는 세력이 있다는 것을 염두에 두고, 호구 잡히지 않도록 주의를 기울인다.

금리의 이해

'금리가 오르면 주택 가격이 내려간다' 또는 '금리가 낮으면 주택 가격이 오른다'는 논리가 시장에 널리 퍼져 있다. 사람들이 금리를 주택 가격의 결정적 변수로 보고 있는데 이런 관점이 맞는지 한 번 살펴보자.

최근 일반인의 금리 인식에 코로나19 시절의 저금리가 큰 영향을 미쳤다. 과거에는 금리 4~5%대가 일반적인 수준이었다. 하지만 코로나19가 터지면서 한국은행이 제로 금리 가깝게 금리를 내렸고, 은행에서 낮은 금리로 돈을 빌릴 수 있게 되자 시장에 막대한 유동성이 공급되었다. 소상공인을 비롯해 일반 서민들까지 각종 지원금 형식으로 수백만 원의 자금을 지원받았던 것을 떠올리면 당시 얼마나 많은 자금이 시중에 풀렸을지 짐작할 수 있다. 당시 시장에 풀린 자금 대부분 부동산으로 빨려 들어갔다는 이야기가 많았다. 부동산 가격은 풍부한 유동성을 바탕으로 천정부지로 뛰어올랐다. 정부가 부동산 가격을 진정시키려 애썼지만 이미 구조 자체가 가격이 오를 수밖에 없는 상황이었음이 나중에야 확인되었다.

한동안 저금리 기조가 이어지다 코로나19 종식 후 다시 옛날 금리 수준을 회복하고 있다. 미국발 금리 인상을 필두로 우리나라도 기준 금리 3.5% 시대가 다시 열렸다. 코로나19 이전이라면 일상적으로 받아들일 수 있는 수준이었겠지만 이미 사람들이 초저금리를 경험한 후라 현재 금리를 상당히 높다고 생각한다. 언론도 시장 금리가 높아 부담스럽다고 한목소리를 내자 금리가 부동산의 투자를 가로막는 장벽처럼 인식되고 있다.

금리보다는 경기 상황

2000년대 초반 금리가 4~5% 하던 시절이 있었다. 하지만 이때에도 아파트 가격은 계속 올랐다. 금리는 집값에 영향을 미치는 중요한 요소임이 틀림없다. 하지만 금리 하나만으로 부동산 시장을 해석하기는 힘들다. 부동산 가격은 금리 말고도 여러 가지 다양한 원인이 복합적으로 작용하기 때문이다.

실제로 부동산 가격에 가장 큰 영향을 미치는 것은 금리보다는 실물 경기라고 보는 쪽이 우세하다. 경제성장률이 높아 국민 살림살이가 좋아지면 일반적으로 주택 구매 수요가 증가한다. 집이 없는 사람은 집을 새로 사려고 하며, 기존에 집을 갖고 있던 사람들은 더 넓은 집이나 새집으로 이사하려고 한다. 시장의 주택 수요는 자연스럽게 증가한다. 하지만 실물 경기가 침체 되고 시장에 돈이 돌지 않으면 주택 수요도 하락한다. 돈이 없으니 빚내서 집을 사기 힘들다. 다운사이징 하거나 집 살 기회를 뒤로 미루기도 한다. 수요가 줄면 제아무리 공급이 부족해도 집값은 떨어질 확률이 높다. 결론적으로 주택 경기의 가격을 결정하는 가장 중요한 요인은 금리보다는 수요다.

디플레이션 오면 금리 인하 소용없다?

실수요자 입장이 되어 한 번 생각해보자. 은행에서 1억 원을 대출받았는데 금리가 1% 오르면 매월 8만 원 정도의 이자를 더 부담해야 한다. 집을 반드시 사야 하는 입장이라면, 한 달에 8만 원을 더 낸다고 해서 집 사는 것을 뒤로 미루지는 않을 것이다. 마찬가지로 집 살 때 5억 원을 대출받아 월 250만 원을 원리금으로 지출하는 경우, 이 금액이 270~280만 원으로 오른다고 해서 구매를 포기하는 사람은 많지 않다. 반대 상황에서도 마찬가지다. 금리가 내렸다고 해서 무조건 집을 사겠다고 나서는 사람은 없다. 금리가 낮아져도 투자 심리가 얼어붙으면 집을 사려는 사람은 늘지 않는다.

하지만 시장에서는 금리를 단순화시켜 사람들의 불안한 심리를 자극한다. 금리가 몇 퍼센트가 올랐다, 또는 내렸다고 이야기하면서 주택 수요를 결정짓는 최고 변수인 것처럼 분위기를 몰고 간다.

우리나라 주택 시장은 공급자 우위다. 쉽게 말해 건설사 위주로 돌아가는 시장이라는 의미다. 주택을 사려는 수요가 사라지면 건설사가 사업하기 어렵다. 건설사는 언론사를 동원해 금리가 높아서 사람들이 집을 사지 않으니 금리를 낮춰달라고 요구한다. 하지만 금리를 낮춘다고 해서 사라진 수요가 다시 돌아온다는 보장은 없다.

금리가 집값에 영향을 미치는 중요한 요소임은 틀림없지만, 금리 때문에 무조건 집값이 오르고 내린다는 결론은 섣부르다. 경제 성장 동력이 약화된 현재 우리나라를 디플레이션 초기 단계로 보는 시선도 있다. 디플레이션이 발생하면 제아무리 금리가 낮아져도 부동산 가격이 상승할 여력 자체가 없다. 무조건 금리 인하만이 부동산 수요 창출이라는 논리는 들어맞지 않는다.

부동산 정책 리스크

정부의 부동산 정책은 수시로 바뀌고 그에 따라 시장 상황도 급변한다. 하지만 시야를 넓게 보면 정책이 흘러가는 커다란 방향성은 짚을 수 있다. 현재 우리는 공급 리스크와 세금 리스크 두 가지 리스크를 안고 있다. 부동산 시장을 예견할 때 정부의 공급 정책과 세금 정책이 어느 방향으로 흘러갈지 가늠해보는 일은 매우 중요하다.

공급 리스크

박근혜 정부 당시만 해도 신도시 개발을 통한 주택 공급 정책은 등장하지 않았다. 인구가 줄어들 것을 예상해 공급 우위 정책에서 탈피한 것이다. 인구가 줄어드는 것이 뻔히 보이는데 아파트를 계속 공급하면 당장은 수요가 있어도 수십 년 후 빈 집이 남아돌 수 있다. 지금도 경기도 외곽이나 지방에 가면 이런 현상을 쉽게 찾아볼 수 있다. 심지어 지방 재건축은 엄두도 내지 못한다. 지방에서 시작되고 있는 구도심 공동화 현상이 나중에는 경기도 외곽으로 번질 가능성도 있다. 이런 상황임에도 불구하고 신도시를 개발해 공급 정책을 편다는 것은 쉽게 이해되지 않는다.

건설 경기에 민감한 한국 경제 구조상 시장에서 공급 우위 정책이 계속되어 온 것이 사실이다. 국내 경기에서 건설사가 차지하는 비중이 높고, 이들이 살아남으려면 지속적으로 시장에 주택을 공급해야 하기 때문이다. 상황이 반복되면 결국 공급 과잉으로 동반 하락을 피할 수 없다. 향후 주택 투자 시장을 분석할 때 거시적인 안목에서 공급 문제를 들여다봐야 한다. 지금 당장 눈앞의 이익이 아니라 10년 후 또는 20년 후를 내다볼 수 있는 공급량 분석이 시급하다.

세금 리스크

우리나라 부동산 세금 정책의 흐름을 살펴보면 지속적으로 세금 부담이 증가하는 쪽으로 움직여왔다. 경제 규모가 커지고 선진국에 다가갈수록 국민이 부담해야 하는 세금은 늘어나는 게 일반적이다.

정부 성격에 따라 일시적으로 세금이 줄어들 수도 있다. 하지만 내용을 뜯어보면 '흉내 내기'에 가까운 경우도 많다. 2023년 현재 공정시장가액비율을 60%로 낮추었는데, 문제는 이 정책이 앞으로도 계속 유지될지 알 수 없다는 점이다. 세금을 낮춰주는 정부 정책은 대부분 한시적으로 활용된다. 재건축 초과이익환수제도 등 재건축 관련 법규도 완화해주겠다고 약속했지만, 여전히 존재하고 있다. 이런 경우가 생각보다 많다.

나라 살림에 투입되는 정부 예산은 늘어나는 추세에 있는데 세금을 계속 줄여줄 수 있을까? 경기가 호황일 때는 법인세와 부가가치세 등이 많이 걷히기 때문에 부동산 관련 세금이 줄어도 버틸만하다. 하지만 지금 우리나라는 경제 호황기를 지나 안정기로 접어들고 있으며, 법인이 부담하는 세수 역시 줄어들고 있다. 또한 인구가 줄면 경제 활동 인구가 줄면서 일반인들이 내는 세금도 줄어들 수밖에 없다. 결국 줄어든 세수는 다시 개인이 부담하는 세금으로 돌아올 수밖에 없다.

부유세와 같은 특정 세금을 만들어야 한다는 목소리도 조금씩 등장하고 있다. 현재 국내 부자의 3%가 대한민국 부의 30%를 갖고 있다는 보고가 있다. 시간이 지날수록 이들이 보유한 부의 규모는 더 빠르게 증가할 것이다. 슈퍼 리치 3%가 부의 50%를 차지한다면 부유세 신설 등의 목소리는 더 힘을 받을 수 있다.

일상생활을 하면서 우리가 내는 간접세도 계속해서 늘고 있다. 부가가치세는 물론이고 쓰레기봉투 한 장을 살 때도 세금을 내야 한다. 각종 환경 관련 부담금, 교통유발 분담금, 교육 관련 세금 등 우리가 인식하지 못하는 사이에 수많은 간접세를 내고 있다. 알게 모르게 세금이 증가하는 것은 물론 세금 항목 또한 계속 신설되고 있다.

부동산 투자하면서 앞으로 세금이 줄어들 것이라는 기대는 하지 않는 편이 안전하다. 세금은 늘면 늘었지 줄어들 수 없는 것이 현실이다.

주택 투자에 성공하려면?

주택 트렌드의 변화를 살펴봤으니 지금부터는 변화된 환경에 맞는
주택 투자 방법을 배울 차례다. 잊지 말아야 할 것은 여전히 주택 투자로
돈을 벌어야 한다는 점이다. 구체적인 주택 투자 노하우를 하나씩 짚어보자.

무릎에 사서 허리에 팔아라

주택을 거래할 때 시세 대비 10% 내외의 가격 하락은 그리 매력적인 가격
대가 아니다. 매도자와 매입자 사이에 10% 수준의 가격 변화는 늘 있는 일이
다. 하지만 20% 정도 가격 하락이 발생하면 이때부터는 투자 매력도가 생긴
다. 집을 팔려는 사람에게 20% 하락은 손해 보고 파는 가격일 확률이 높기
때문이다. 30%를 넘으면 매입 리스크가 거의 없는 상태로 볼 수 있다. 최고
가 대비 30% 이상 하락했다고 하면 투자할 만하다.

투자 고수들은 항상 '무릎에 사서 허리에 팔라'고 말한다. 고점은 누구도
예견할 수 없기 때문에 적정한 수준에서 매입과 매각을 진행해 투자 수익률
을 높이는 것이야말로 현명한 투자법이다. 아파트도 무릎에 사서 허리에 팔

아 투자 수익을 거두는 쪽으로 접근한다.

2022년 연말과 2023년 초의 부동산 하락기는 '무릎에 사서 허리에 팔 수 있는' 시기였다. 최고가 대비 30~40%가량 떨어진 매물도 등장했는데, 지금은 고점 대비 90% 수준으로 가격을 회복했다. 무릎에 들어간 투자자라면 지금은 팔아야 할 때다.

신축 아파트에 투자하라

주택 투자 리스크는 계속 증가하고 있다. 그렇다면 최대한 리스크를 줄일 수 있는 투자 전략을 짜야 한다. 신축 아파트는 투자 리스크가 적다. 단기간에 가격이 상승할 확률이 높고, 환금성도 좋다. 물론 부동산 시장이 전체적으로 안 좋아지면 신축 아파트 가격도 하락할 수 있다. 하지만 이럴 때도 신축 아파트는 하락기가 짧은 반면 가격 회복은 빠르다.

구축의 가격 오름폭에는 한계가 있다

아파트 투자할 때 많은 사람이 '입지'를 중시한다. 교통 좋고 학군 좋고 생활 편의 시설이 잘 마련되어 있는 곳을 선호한다. 건축 연한 등 다른 조건에는 별 관심이 없으며 신축이든 구축이든 따지지 않는다. 이들에게는 '내가 살고 싶은 곳'인지가 가장 중요하다.

하지만 앞으로는 입지 대신 물건 그 자체에 관심을 쏟아야 한다. 입지는 지역에 점수를 매기는 방식이다. 하지만 지역 매력도는 중장기적으로 계속 하락할 가능성이 높다. 이때 반드시 그 아파트에 들어가 살 필요가 없다는 점을 깨닫는 것이 중요하다. 거듭 이야기하지만 살 집(Living)과 살 집(Buying)은 달라야 한다.

주택 부동산 시장에서는 시공된 지 10년 이상 지나면 구축 아파트로 분류한다. 투자할 때 가장 애매한 연식이 15년 차 정도 된 아파트다. 노후화가 시작되는 단계로 투자할 때 가장 불리하다. 재건축을 노리고 15년 차 아파트에 들어가려는 투자자가 많은데, 재건축 연한을 다 채우고 새 아파트를 짓기까지 시간이 너무 오래 걸린다.

구축 아파트 투자가 매력이 덜한 건 가격 오름폭에 한계가 있기 때문이다. 구축 아파트는 평균적인 지가 상승률 정도를 반영하는 수준에 그칠 때가 많다. 또한 유지 비용이 계속해서 발생한다. 노후화된 아파트를 유지하기 위한 수선비나 교체비가 지속적으로 발생하며, 임대를 하면 세입자가 바뀔 때마다 인테리어 비용이 추가될 수 있다.

요즘에는 아파트가 지어진 지 10년만 되어도 대부분 올수리하고 들어간다. 수리 비용만 수천만 원에서 수억 원에 이르기도 한다. 구축 아파트를 매입하려는 사람은 수리 비용까지 염두에 둔다. 20억 원인 구축 아파트의 실제 투자 비용을 21억 원으로 상정하는 것이다. 집을 파는 매도자 입장에서는 실제 존재하지도 않는 1억 원을 떠안고 집을 팔아야 하는 입장에 놓인다. 계속해서 누적되는 유지 비용 외에 세금도 만만치 않다. 구축 아파트는 계속해서 자본이 투입되는 구조다.

실거주 투자에 유리

베이비부머는 낡은 집 사서 '몸테크' 하는 것에 익숙하다. MZ세대는 이런 방식에 익숙하지 않다. 값을 조금 더 치르더라도 깨끗한 집에 들어가 살길 원한다. 신축 아파트는 실거주 편리성과 투자 매력도 두 가지 가치를 동시에 누릴 수 있다.

신축 아파트는 시세 상승에 민감하게 반응한다. 예를 들어 현재 살고 있는 아파트 분양가가 평당 5,000만 원이었는데, 2~3년 후 옆에 새로 지어진 아파트가 평당 5,500만 원에 분양했다면 그 상승분을 고스란히 흡수한다. 이제 막 분양한 아파트나 2~3년 된 아파트나 신축 아파트 카테고리로 함께 묶이기 때문이다. 신축 아파트는 주변의 신축 아파트와 쉽게 동조화 현상이 벌어진다. 신축 아파트는 3~5년 정도까지 감가상각이 발생하지 않는다. 수선 유지 비용도 거의 들지 않는다. 투자자로서는 신축 아파트에 실거주하면서 투자 효과도 누릴 수 있다.

분양권전매제도의 활용

지은 지 5년이 넘어가면 신축 아파트의 매력이 조금씩 떨어진다. 실거주 장점과 투자 매력도를 계속 유지하고 싶다면 분양권 투자를 활용해 볼 만하다.

신축 아파트에 실거주하면서 새 아파트 분양권을 매입한다고 가정해보자. 분양권도 보유 주택 수에 포함되기 때문에 2주택 소유자가 된다. 이때 일시적 1세대 2주택 제도를 활용해 3년 안에 기존에 살던 신축 아파트를 처분한 후 새 아파트로 갈아탈 수 있다. 기존에 살던 아파트는 실거주 의무 요건을 채우면 양도소득세를 거의 내지 않는다. 분양권전매제도를 잘 활용하면 기존 아파트에서 실거주하는 장점을 누린 후 다시 새 아파트에 들어가는 방식으로 투자 수익률을 높일 수 있다.

분양권 매입이 유리한 점은 또 있다. 분양권은 실제로 입주하기 전까지는 실거주 기간 산정에서 제외된다. 구축 아파트는 매입하는 순간 실거주 산정 기간에 포함된다. 하지만 분양권이라면 매입 후 입주 전까지 1~3년 정도의 유예기간이 주어지는데, 이 기간이 실거주 산정 기간에서 제외되니 집을 다시 팔 때 3년 유예기간을 더 길게 확보할 수 있다. 일시적 1세대 2주택 제도 하에서는 기한 내에 기존 집을 팔아야 양도소득세 혜택을 누릴 수 있다. 신축 아파트 분양권 매입은 실거주 의무 기간 산정 면에서 훨씬 유리하다.

지금은 법이 바뀌어 실거주하지 않고 3년만 보유해도 1주택자는 양도소득세 비과세 혜택을 받을 수 있다. 물론 법은 자주 바뀐다. 하지만 1주택자가 받는 혜택은 쉽게 없애기 힘들다. 1주택 자격을 유지하는 방법을 찾아 주택 투자를 지속하는 것이 유리하다. 이때 기억해야 할 것이 실거주와 투자는 분리되어야 한다는 점이다. 기존에 살던 아파트가 학군도 좋고 교통도 편해 계속 살고 싶다면 매도한 후 전세로 살면 된다. 주택 투자로 돈을 벌려면 투자와 실거주는 별개의 개념으로 접근해야 한다는 것을 잊지 않는다.

분양가가 비싸면 신축이라도 매력 없다

분양가상한제도가 사라지면서 민간 아파트의 분양가가 하늘 높은 줄 모르고 치솟고 있다. 민간 건설사 입장에서는 분양가에 제한을 받지 않으니 분양가를 최대한 높여 수익을 극대화할 수 있다. 이때 청약 경쟁률이 높은 것보다 더 시간이 걸리더라도 완판하는 것이 유리하다. 분양가를 높여도 살 사람은 산다고 생각하기 때문이다.

신축 아파트라도 분양가가 비싸면 재고해봐야 한다. 수익률이 낮아져 투자 매력도가 거의 없다. 이 와중에 강남 3구를 비롯한 요지는 여전히 분양가 상한제도의 적용을 받는다. 생각을 바꾸어 이제는 분양가상한제도를 적용받는 지역의 아파트에 투자하는 방법을 고려해보자. 분양가상한제가 적용된 강남구 아파트 분양가가 서울 도심의 다른 아파트에 비해 가격 경쟁력이 높을 수 있다.

자기 자본을 늘리는 주택 투자 방식에서는 초기 투자 비용이 낮아야 한다. 신축 아파트 투자로 자본금을 늘리려면 분양가가 낮은 곳에 투자하는 것이 중요하다. 그래야 나중에 되팔았을 때 시세 차익을 누릴 수 있다. 공공 아파트 분양은 민간 아파트보다 분양가가 낮다. 앞으로 3기 신도시 등 공공 아파트 청약에도 관심을 기울인다.

입주권 투자

신축 아파트 분양가와 실제 입주금 사이의 간격이 크게 벌어지고 있다. 액면 분양가는 13~14억 원인데 발코니 확장 등 옵션 비용, 중도금 대출 이자, 취등록세, 추가 인테리어 비용, 이사 비용 등이 더해지면서 분양가에 2~3억 원이 추가되는 일이 자주 발생한다.

이럴 경우 입주권 투자가 대안이 될 수 있다. 입주권은 재건축 조합원의 권리를 이어받는 것이므로 조합의 협상 능력에 따라 발코니 확장 등 옵션 사항이 무상으로 제공될 수 있다. 이주비도 지원되고, 중도금 대출 이자 부담도 없다. 한 가지 단점은 재건축 분담금이 많아지면 입주권 소유자의 금액 분담 리스크가 커진다는 것이다. 입주권과 분양권을 비교해서 가격 면에서 유리한 쪽으로 투자한다.

빌라 투자는 지분이 관건

빌라 투자는 대부분 재개발 투자다. 지분을 사서 재개발될 때까지 기다리는 투자 방식이다. 빌라 투자는 웬만하면 추천하지 않는다. 원래도 작은 평수로 지어진 곳인데, 다시 지분 쪼개기 방식으로 가구수를 늘린 곳이 많아 투자하기에 좋은 물건은 아니다.

대지 지분을 살핀다

그런데도 빌라에 투자하고 싶다면 한 가지 단어를 기억해야 한다. 바로 '대지 지분'이다. 빌라 투자가 매력이 있으려면 보유한 땅을 봐야 하는데, 의외로 오래된 빌라 중에 대지 지분을 많이 가진 곳이 있다. 그런 빌라는 찾아낼 수 있다면 빌라 투자로도 수익을 낼 수 있다.

빌라가 밀집한 지역 중에 투자 가치가 높은 곳으로 송파구 삼전동, 잠실동 등을 꼽을 수 있다. 모아주택 등 재건축사업이 진행될 예정으로, 땅값이 평당 6,000~7,000만 원 수준이다. 빌라 한 채에 3억 원이면 5평의 대지 지분을 보유한 셈이다. 5평 지분이면 지분율이 높지 않아 재개발할 때 분담금이 많아질 수 있다. 같은 3억 원대 빌라라도 대지 지분이 10~12평 정도인 곳이 있다. 이러면 실제로는 6억 원의 가치를 지닌 곳이다. 재개발되더라도 분담금이 적거나 아예 내지 않을 수도 있다. 결론적으로 빌라 투자는 땅, 즉 대지 지분을 보고 투자해야 손해를 보지 않는다.

빌라도 시간이 문제다

재건축하기까지 시간이 너무 오래 걸리는 물건은 피한다. 한남 3구역을 예로 들어보자. 이곳은 빌라가 엄청나게 많았던 지역으로 평당 4,000만 원 수준으로 거래가 시작되었던 곳이다. 지금은 평당 1억 5,000만 원에서 1억 8,000만 원 정도 한다. 하지만 시간이 너무 오래 걸렸다. 똑똑한 투자자는 초기에 투자한 후 일찌감치 매각해 수익을 냈다.

빌라 투자할 때는 초기 단계에 들어가야 한다. 송파구 삼전동이나 용산구 후암동 등 빌라 밀집 지역의 경우 대지 지분율이 높은 빌라에 투자한다면 아직 가능성은 남아 있다.

신축 빌라 분양받지 마라

가장 피해야 하는 것이 신축 빌라 분양이다. 대치동이나 논현동 등 인기 주거 지역에서 빌라를 분양받는 사람들이 많다. 대부분 돈이 많지 않은 청년 세대나 신혼부부로 아파트에 살고 싶지만, 돈이 없어 대안으로 신축 빌라를 선택한다.

빌라 분양 업체는 금융사와 함께 신혼부부를 위한 청약대출제도 등 맞춤형 대출 방식으로 실수요자의 초기 투자 비용을 낮춘다. 몇천만 원만 있어도 신축 빌라를 분양받을 수 있으니 자금력이 달릴수록 신축 빌라 분양에 매력을 느낀다. 조건이 좋아 선뜻 신축 빌라를 분양받지만 알고 보면 손해 보는 투자다.

우선 빌라 분양가가 절대로 싸지 않다. 현재 강남 인기 지역의 20평대 빌라가격이 5억 원에서 8억 원대를 오간다. 작게는 3~5평, 많으면 7~8평의 대지 지분을 갖고 있다. 계산하면 평당 1억 원의 땅값을 내는 셈이다. 강남에서 평당 1억 원은 괜찮은 아파트를 살 수 있는 수준이다.

안 오른다는 것이 함정

2종 일반주거지역에서 신축 빌라를 분양한다고 가정해보자. 분양 업체는 평당 6,000만 원에서 7,000만 원 정도에 땅을 매입했을 확률이 높다. 건축비 등 각종 비용과 분양 업체 수익까지 합치면 분양가는 평당 1억 원을 가뿐히 넘긴다. 신축 빌라를 분양받는 사람들은 돈이 많지 않기 때문에 수억 원을 대출받을 확률이 높다. 매년 들어가는 이자 비용과 재산세를 합치면 유지 비용도 만만치 않다. 하지만 빌라는 잘 오르지 않는다. 아파트라면 가격이 계속 오르기 때문에 유지 비용은 건질 수 있다. 하지만 빌라는 가격도 잘 오르지 않는 데다 환금성도 떨어진다. 신축 빌라 분양은 손해 보지 않으면 다행이다.

오피스텔과 주상복합 아파트 투자하기

의외로 오피스텔 투자에 관심 갖는 사람들이 많다. 돈이 많지 않은 청장년층이 거주공간으로 찾거나 은퇴한 시니어 계층이 임대 수입을 얻기 위해 매입하기도 한다. 이 경우는 대부분 소액 투자자다.

한때 15억 원이 넘는 하이엔드 오피스텔 분양이 인기를 끈 적도 있었다. 강남 등 인기 지역에서 분양했는데, 일반 아파트와 달리 대출 규제에서 자유로웠다. 중도금 대출이 가능하다보니 아파트 대용으로 고급 주거용 오피스텔을 분양받았다.

오피스텔은 각종 제도에 따라 부침이 심하다. 지금은 주거용 오피스텔을 갖고 있으면 보유 주택 수에 포함되기 때문에 투자 매력도가 높지 않다. 또한 오피스텔은 상업용 부동산으로 간주되기 때문에 세율이 높다. 빌라와 마찬가지로 주거용 오피스텔 투자 역시 피하는 것이 좋다(**오피스텔 투자는 상업용 부동산을 다룬 3부에서 구체적으로 다룰 예정이다**).

주상복합 아파트의 매력 상승

타워팰리스는 우리나라 주상복합 아파트의 효시로, 지은 지 20년이 지나고 있지만, 여전히 고급 주거지로 인기가 높다. 주상복합 아파트는 단점과 장점이 확실하다.

주상복합 아파트는 상업지에만 지을 수 있다. 역세권 핵심 상업지에 지어졌기 대부분 30층 이상의 고층이다. 대중교통과 연결이 잘 되고, 상업 시설이 함께 있어 살기에 편하다. 커뮤니티 시설도 좋다. 각종 부대 시설의 퀄리티가 상당히 높은 편으로, 거주자들의 주거 만족도가 높다.

반면 주상복합은 대부분 타워형으로 설계되어 환기 등 쾌적성의 문제가 지적되곤 한다. 일반 아파트는 지을 때 주택법을 적용받는 데 반해 주상복합은 건축법을 따른다. 같은 평수라도 일반 아파트에 비해 주상복합 아파트의 실제 면적이 좁아 보이는 이유다. 고층이 많다 보니 엘리베이터 안에서 원치 않는 이웃들과의 접촉이 많아지고, 냉난방비 등 관리비용이 높은 것도 단점으로 꼽힌다.

하지만 이런 단점에도 불구하고 입지적 장점과 편리성이 크기 때문에 최근 주상복합 아파트의 매력이 다시 부각되고 있다. 생활편의성과 거주 만족도를 동시에 갖춘 것은 물론 도심 안에서도 핵심부에 들어서 있어 어느 지역으로도 편리하게 오갈 수 있다. 대표적인 슬세권(슬리퍼 차림으로 식당, 카페, 병원, 편의점, 스터디카페, 골프, 사우나 등 편의 시설을 이용할 수 있는 주거 권역)으로 불편한 것을 싫어하는 MZ세대에게 어필할 만한 요소를 갖추고 있다.

땅값 비싼 핵심지에 40~50층 이상의 준주거 상업용 시설로 지어지기 때문에 단지 자체로 보면 규모는 그리 크지 않다. 최근 여의도 금융업무중심지구에 주상복합 아파트가 인기리에 분양되면서 주상복합 건물의 저력이 다시한번 확인되고 있다. 기존 아파트의 투자 매력도가 떨어지는 상황이 오면 주상복합의 매력도가 크게 상승할 수 있다. 투자하려면 지금이 적기다.

생활형 숙박시설

한때 선풍적인 인기를 모으며 분양했던 생활형 숙박시설이 지금은 애물단지가 되고 있다. 생활형 숙박시설은 숙박을 할 수 있는 호텔과 주거형 오피스텔이 결합된 형태로, 레지던스로 불리기도 한다. 지금은 호텔과 주거 시설 사이에서 개념 구분이 모호해졌고, 거주자가 전입신고를 하는 순간 주택 수에 포함되어 세금 낼 때 불리해진다. 정부가 주거 시설이라고 판단하면서 과태료까지 부과되는 형편이다.

분양 당시만 해도 지금과 같은 상황을 예견한 이는 아무도 없었다. 사람들은 청약 통장이 없어도 아파트와 비슷한 형태의 주거 시설을 분양받을 수 있다고 좋아했다. 당시 아파트 가격이 치솟으면서 대체 주거지로 인기를 모았을 뿐 아니라 각종 규제에서도 자유로웠다. 세금과 대출 규제가 적었고, 무엇보다 주택 수에 포함되지 않는다는 점 때문에 투자자들이 몰렸다. 하지만 지금은 상업 시설임에도 주거 시설로 사용하면 불법 건축물로 간주되어 매년 벌금을 내야 한다. 이미 분양이 끝난 상황이라 분양 업체는 책임을 회피하고 있으며, 분양받은 사람만 피해를 보고 있다.

생활형 숙박시설은 전문 디벨로퍼가 제도의 허점을 이용해 분양한 불완전한 주거 상품이다. 투자할 때 항상 조심해야 하는 것이 바로 이런 형태의 시설물이다. 디벨로퍼는 분양이 끝나면 이후 발생하는 문제에 책임지지 않는다. 현재 생활형 숙박시설은 용도 변경을 통해 오피스텔로 바꾸는 방법밖에 없다. 이 과정에서 발생하는 비용 역시 분양받은 사람이 부담해야 한다.

아이러니한 대한민국의 디벨로퍼 구조

한국의 부동산 시장을 파악하려면 디벨로퍼의 속성을 제대로 이해할 필요가 있다. 현재 부실로 떠오르고 있는 PF 문제의 상당 부분도 디벨로퍼와 관련 깊다.

디벨로퍼는 부동산 상품을 만들어내는 개발업자다. 대기업 건설사는 자본력과 시공능력을 갖추고 있으며 브랜드 파워를 기반으로 대형 건설사업을 주로 수주한다. 대기업 건설사와 달리 디벨로퍼는 자본력이 약하기 때문에 규모가 크지 않은 개발 사업을 중심으로 금융 대출에 의존해 자금을 끌어모아 사업을 진행한다.

이들은 소비자가 구매할 수 있는 부동산 상품을 만들기 위해 노력한다. 돈이 많지 않아도 분양받을 수 있도록 대출 프로그램을 마련하고, 세금과 정책 규제 등을 피해갈 수 있게 제도적 허점도 이용한다. 다주택자일수록 세금과 정책에서 자유로운 투자 상품에 매력을 느낀다. 디벨로퍼는 시기별로 정부 정책을 잘 활용해 분양 사업을 벌인다. 최근 몇 년간 반짝 인기를 끌었던 생활형 숙박시설이나 지식산업센터는 전문 디벨로퍼가 개발한 전형적인 틈새 상품이라고 할 수 있다. 문제는 정책이나 규제가 변하면서 문제가 발생한다는 것이다. 생활형 숙박 시설이 대표적이다. 정책과 규제가 바뀌면서 피해가 발생하는 경우도 많다. 디벨로퍼 성격상 시류에 휩쓸리는 상품을 개발했을 가능성이 높다.

디벨로퍼는 자본금이 많지 않기 때문에 사업비의 10% 정도만 자기 자본

〈부동산 개발사업 구조(주거 시장)〉

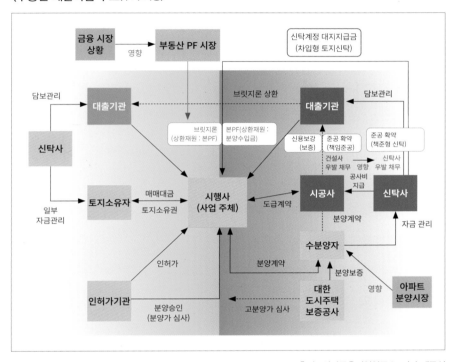

출처 : 하나금융경영연구소, 저자 재구성

금을 투입하고 나머지 비용 대부분을 금융 대출로 충당한다. 분양하면 분양

대금이 들어오기 때문에 그 돈으로 대출비용을 갚고 이윤을 남기겠다는 속

셈이다. 하지만 부동산 경기가 좋지 않아 분양에 실패하면 분양대금이 들어

오지 않아 사업에 문제가 생긴다. 대출받은 돈을 갚지 못하니 돈을 빌려준

금융권이 부실을 떠안는다. 최근 문제가 되는 PF(Project Financing) 부실이 바로

이것이다.

1,000억 원 규모의 건설 사업이 있다고 가정해보자. 디벨로퍼는 10% 정도

의 자기 자본을 투자해 부지를 확보한다. 나머지 돈은 브릿지론과 PF를 일으켜 충당한다. 부동산 경기가 좋아 100% 분양이 되면 1,000억 원의 분양대금이 들어온다. 대출금 등 실비용을 제외한 수익금을 디벨로퍼, 금융사, 시행사가 나눠 갖는다.

지금까지는 이런 구조가 잘 먹혔다. 문제는 분양이 되지 않았을 때다. 분양대금이 없으니 공사가 중단되고 PF 부실로 이어진다. 분양받은 소비자라면 분양대금을 다 날릴 수도 있다. 최근 부동산 경기가 하강 국면에 접어들면서 부실 사업장이 눈에 띄게 증가하고 있다. 디벨로퍼에게 자금을 대준 금융권도 연쇄적으로 부실을 떠안을 수밖에 없다. 최근 유명 대기업 건설사가 워크아웃에 들어가는 등 실제로 부동산 현장의 PF 부실 문제가 불거지고 있다. 우리나라의 불합리한 건설사업 구조에 근본적인 변화가 요구되는 시점이다.

재건축 아파트를
재고하라

확실한 투자 상품으로 각광받던 재건축 아파트의 수익률이 떨어지고 있다.
재건축 아파트를 재고할 시점이 왔다.

대한민국에서 재건축 아파트란?

어릴 때 모래 놀이터에서 두꺼비집을 만들던 경험이 한 번쯤 있을 것이다. '두껍아, 두껍아. 헌 집 줄게. 새 집 다오'라는 노래를 부르곤 했는데, 재건축 아파트를 보고 있으면 이 노래와 꼭 닮았다는 생각이 든다.

사람들은 재건축을 '오래되어 구닥다리 상품으로 변한 집을 번쩍번쩍한 새집으로 바꿔주는 것'으로 여긴다. 돈 안 들이고 새 집을 얻는데, 심지어 그 집의 가격이 엄청 비싸져서 저절로 재테크까지 된다. 이런 매력 때문에 지금까지 사람들이 재건축 아파트 투자에 몰렸다. 하지만 재건축 투자로 짭짤한 수익을 보던 시절이 과거형이 되고 있다. 희소성이 뒷받침되어야 할 재건축 사업에서 너도나도 재건축 허가를 받으면서 공급이 넘쳐나고 있다. 건축비가 높아지면서 소유자가 내야 할 분담금이 천정부지로 치솟고 있다. 사업 자체가 난항을 겪은 곳도 많아지고 있다. 세금, 정책, 인구변화 등 재건축 투자에 빨간 불이 켜졌다.

재건축은 시간 싸움

과거에는 재건축 도래 연한이 40년이었으나 지금은 30년으로 바뀌었다. 이마저도 바꾸겠다는 정책 제안도 등장했다. 재건축 연한에 가까워지는 인기 단지들은 슬슬 재건축을 위한 발동을 건다. 사업성이 좋은 단지일수록 진행 속도가 빠르다. 하지만 인기 재건축 단지는 사업이 끝났거나 끝나는 과정이고, 현재 재건축 예정이거나 재건축을 준비하는 단지의 사업성은 높지 않다. 돈 되는 재건축 알짜 단지를 찾아내는 것이 중요하다.

재건축은 시간이 오래 걸리는 사업이다. 거쳐야 할 과정도 많고, 단계별로 다양한 허가도 받아야 한다. 중간에 돌발 상황이라도 발생하면 1~2년 이상 사업이 지체되는 일이 자주 벌어진다.

재건축은 기본 계획 수립, 안전진단 통과, 추진위원회 구성, 재건축조합 설립, 추진위동의서 수령 등 사업준비와 시행 단계가 있다. 이후 정비계획안을 승인받아야 하며 관리처분계획, 시공사 선정 등을 거쳐 이주, 철거, 분양 등의 과정을 거친다. 주민이 이주하는 데만도 2~3년은 족히 소요되므로 어느 것 하나 만만한 과정이 없다. 짧게는 10단계, 과정이 복잡해지면 13~14단계까지도 늘어날 수 있다. 통상적으로 이 과정에 드는 시간이 10~15년이다. 은마아파트 재건축 이야기가 나오기 시작한 때는 1999년이다. 24년이 지난 지금 본격적으로 사업이 진행될 것처럼 보이긴 하지만, 여전히 첫 삽도 못 뜨고 있다.

몸테크 하던 시기는 지났다

'오래 살다보면 언젠가는 되겠지'라는 생각으로 재건축 투자를 생각하고 있다면 오산이다. 과거와 달리 지금 재건축 아파트는 따져봐야 할 요소가 많다.

첫째, 사업성이 계속 떨어지고 있다. 이 말은 재건축 사업으로 돈 벌기가 힘들어졌다는 의미다. 과거 5층 미만의 저층 아파트는 대부분 용적률 100% 미만이었다. 재건축하면 신규 분양할 수 있는 물량이 많아 수익성이 높다. 이러면 입주민은 돈 안 내고 새 집에 들어갈 수 있고, 사업 주체는 건설비를 제하고도 분양을 통해 짭짤한 수익을 낼 수 있었다. 하지만 그런 알짜 단지는 일찌감치 재건축이 끝났다. 남은 것은 대부분 중고층 이상의 아파트다. 용적률 150~170%대라 사업성이 높지 않다. 사업성을 맞추려면 분양가를 높이면 된다. 하지만 분양가가 높아지면 분양이 잘 되지 않는다. 부동산 경기가 악화되면 재건축에 실패할 수도 있다.

둘째, 시장 환경에 영향을 많이 받는다. 부동산 시장이 활황이고 아파트 가격이 계속 높아지고 있다면 가격이 비싸더라도 분양받겠다는 사람이 줄을 선다. 하지만 지금은 주택 수요가 줄어드는 반면 공급은 늘고 있다. 경기 성장도 둔화되고 있다. 돈 없는 사람이 많아지면서 집 사겠다는 사람 자체가 줄고 있다.

셋째, 건축비와 인건비, 금융 비용이 계속 오르고 있다. 재건축 사업비 부담이 점점 더 커질 수밖에 없다. 재산세, 종합부동산세도 큰 폭으로 늘었다. 시간이 길어질수록 투자 비용은 지속적으로 증가한다. 투자 비용이 늘어나면 수익률은 떨어진다.

넷째, 정책 리스크에 쉽게 휘둘린다. 정부 성격에 따라 재건축허가제도가 자꾸 바뀐다. 지금은 재건축 사업 규제가 대부분 완화되면서 한꺼번에 폭발하듯 재건축 사업이 진행되고 있다. 재건축 하지 않는 단지를 찾기 힘들 정도다. 심지어 초고층 아파트로 재건축하겠다고 나서고 있다. 공급이 늘어나면 가격이 떨어질 확률이 매우 높다.

이 밖에도 다양한 이유가 있다. 향후 재건축 아파트 투자로 돈을 벌기가 쉽지 않은 상황이라는 것을 먼저 인식해야 한다. 새 아파트를 받겠다는 욕심을 내려놓고, 치고 빠지는 단기 투자 전략으로 접근한다. 다행히 전략과 타이밍을 잘 잡으면 아직 승산은 남아 있다.

재건축 아파트 투자 핵심 포인트

재건축 과정에서 '정비계획안을 마련했다', '안전진단을 통과했다', '추진위원회를 만든다' 등의 호재가 터지는 시기가 있다. 이럴 때가 시세 상승 타이밍이다. 재건축은 긴 시간 동안 가격이 꾸준히 오르기보다 호재가 등장할 때마다 계단식으로 상승한다. 안전진단을 통과했다는 이유로 5,000만 원에서 1억 원씩 오를 때도 있다. 호재는 재건축이 진행되면서 1~2년 또는 2~3년 사이에 한 번씩 지속적으로 발생한다. 호재가 발생하고 가격이 오르는 시기를 기다려 투자를 짧고 간결하게 진행한다. 처음부터 10% 정도의 투자 수익을 얻겠다고 계획하는 것도 좋다. 남들보다 빠르게 움직이면서 비과세 혜택 등 다양한 세제 혜택을 얻을 수 방법도 함께 찾는다. 우리나라는 1주택 소유자가 누릴 수 있는 혜택이 많다. 이제부터 재건축은 자기 자본금을 늘리는 방식으로 접근한다.

〈재건축 아파트 투자 IN/OUT 시점〉

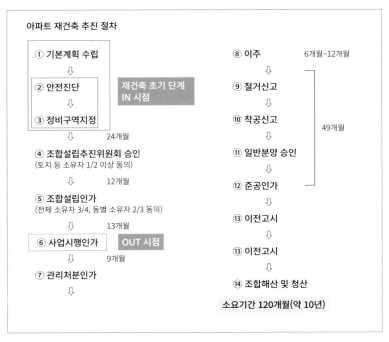

아파트 재건축 추진 절차

① 기본계획 수립
⇩
② 안전진단   재건축 초기 단계 IN 시점
⇩
③ 정비구역지정
⇩ 24개월
④ 조합설립추진위원회 승인
(토지 등 소유자 1/2 이상 동의)
⇩ 12개월
⑤ 조합설립인가
(전체 소유자 3/4, 동별 소유자 2/3 동의)
⇩ 13개월
⑥ 사업시행인가   OUT 시점
⇩ 9개월
⑦ 관리처분인가
⇩

⑧ 이주   6개월~12개월
⇩
⑨ 철거신고
⇩
⑩ 착공신고
⇩   49개월
⑪ 일반분양 승인
⇩
⑫ 준공인가
⇩
⑬ 이전고시
⇩
⑬ 이전고시
⇩
⑭ 조합해산 및 청산

소요기간 120개월(약 10년)

출처 : 저자 작성

조합 설립 후 투자는 위험하다

투기과열지구 안에 있는 재건축 단지는 조합이 설립되면 1주택자가 10년을 보유하고 5년 이상 거주해야만 조합원 지위를 양도할 수 있다. 10년 거주 요건을 채우기가 쉽지 않으므로, 재건축 조합이 설립되면 매매가 어렵다는 점을 꼭 기억해둔다. 재건축 알짜 단지로 통하는 압구정 현대아파트가 매물이 없는 것도 이런 요인이라고 볼 수 있다.

또한 도시및주거환경정비법에 따라 5년 이내 다른 아파트를 분양받은 사실이 있으면 현금 청산 대상이 될 수 있다. 최근 한남 3구역 재건축 투자자 중에 5년 재당첨 제한에 걸려 입주 자격을 상실한 사람이 부지기수로 등장해 큰 문제가 된 적이 있다. 이런 사항도 반드시 염두에 둔다. 물론 제도가 바뀌면 조합원 규제 장치가 사라질 수도 있다. 하지만 또 어떤 정부가 등장해 규제 장치를 만들지 알 수 없는 노릇이다. 정부 정책 자체가 리스크라는 의미다. 내 돈을 지키기 위해서는 정책 변화에 보수적으로 대응해야 한다. '해제할 것이다', '풀어줄 것이다'라는 말만 믿고 투자하는 것은 위험하다.

입주권 투자

재건축 아파트 입주권이 16억 원인데, 분양가는 14억 원이다. 이 경우 입주권이 시장에서 팔린다면 무슨 이유일까?

여러 가지 상황을 고려할 수 있다. 집을 2채 이상 소유하면 부동산 취등록세가 12%다. 분양가 14억 원 아파트는 취등록세만 1억 6,800만 원이다. 분양가에 취등록세를 반영하면 실제 매입 비용은 15억 6,800만 원이다. 입주권은 이미 땅을 가진 사람의 권리이므로, 새 아파트를 받더라도 건물 비용에만 취득록세가 매겨진다. 또한 입주권에는 옵션 비용, 이사 비용, 중도금 이자 면제 등 각종 혜택이 주어진다. 입주권 가격이 분양권에 비해서 결코 낮다고 볼 수 없다.

자본이 움직이는 시장 경제 속에서 돈은 무서우리만치 정확하다. 분양가가 싸다고 덥석 계약하기보다 비교할 수 있는 다른 상품이 있는지 따져보고 더 이익이 되는 쪽으로 투자한다.

1:1 재건축

1:1 재건축은 기존 세대수만큼만 새로 짓는 방식이다. 현재 재건축이 추진되고 있는 압구정 아파트가 대표적인 1:1 재건축 추진 아파트 단지다. 신규로 분양 세대가 없으니 공사비는 전적으로 소유주가 부담해야 한다. 하지만 소유주 입장에서는 용적률이 높아지기 때문에 높은 부가수익을 기대할 수 있다. 20평대 아파트를 갖고 있다면 30대 아파트를 분양받는 식이다. 결과적으로 재산상의 가치는 훨씬 높아진다.

고급 아파트 단지일수록 1:1 재건축이 유리할 수 있다. 세대 수가 늘어나지 않으므로 쾌적한 단지 환경을 조성할 수 있는 데다, 고층으로 지으면 동 간격도 기존에 비해 훨씬 넓어질 수 있다. 고급 아파트라는 이미지가 유지되는 동시에 주거 쾌적성까지 높아지면 비싼 값을 주고도 사려는 사람은 존재하기 마련이다. 결론적으로 아파트의 부가가치는 재건축하기 전보다 하고 난 후에 훨씬 높아질 수 있다.

중요한 것은 미래 주택 수요 증가를 기대하기 힘든 상황에서 공급과 수요를 균형 있게 유지해 가격 하락을 방지하는 것이다. 1:1 재건축은 미래 재건축사업에서 추구해야 할 궁극적인 방식이기도 하다.

초고층 아파트는 무조건 좋을까?

기존에는 한강변에 아파트를 지으려면 높이 제한에 걸려 35층 미만으로 지어야 했다. 하지만 오세훈 서울시장이 '2040 서울도시기본계획'을 발표하면서 35층 높이 제한 규정을 폐지했다. 규제가 사라지면서 오래된 한강변 아파트 단지들이 속속 초고층 아파트 재건축 계획에 나서고 있다. 여의도 시범아파트는 65층, 진주아파트는 58층, 한양아파트는 54층으로 계획중이며, 압구정 재개발의 경우 최저 50층, 최고 70층 이야기도 나오고 있다.

사람들은 높은 건축물에 대한 막연한 로망이 있다. 초고층으로 지어진 건물은 해당 지역에서 랜드마크 역할을 할 가능성이 크고, 조망권이 좋아 집값 상승에 유리하다고 생각한다. 과연 그럴까?

반포 재건축 단지 중 대장으로 불리는 반포 주공1단지(1, 2, 4 주구)는 35층 제한이 폐지되자 기존 35층 설계안을 49층으로 바꾸기 위한 계획을 수립했다. 하지만 재건축 아파트 조합원들이 49층 설계안을 부결시켰다. 고층 아파트로 바꾸는 것이 무조건 유리하지 않음을 보여주는 사례다. 반포 주공1단지의 경우 49층으로 지으면 기존 사업 대비 공사비가 약 2,000억 원 늘어나는 것으로 추산되었다.

똑같은 1층을 짓는다고 가정할 때 초고층 건물은 일반 건물에 비해 20%

정도 비용이 상승한다. 비용만 늘어나는 것이 아니라 공사 기간도 늘어난다. 60층 이상으로 지으면 기간이 2~3년 정도 더 소요된다.

단순하게 생각하면 건물을 지을 때 자재를 양중(무거운 것을 들어올리는 일)하는 것부터가 쉽지 않다. 15층까지 올리는 데 2분이 걸린다면 30층은 4분이 걸린다. 60층은 8분 이상이 걸린다. 기존에 자재 100포대를 옮길 수 있는 상황에서 20포대 밖에 못 올린다고 하면 모든 것은 비용으로 연결된다. 똑같은 공사 실적을 내려면 더 많은 시간이나 인력이 투입되어야 하는 것이 당연하다. 건물을 지을 때 사용되는 재료나 장비도 초고층 건물용은 따로 있으며 사용료가 비싸다. 15층을 지을 때 22mm 철근을 사용한다면 30층은 25mm, 60층은 38mm를 써야 할 수도 있다. 또한 초고층 건축물일수록 지진이나 바람에 취약하기 때문에 특수 구조물을 설치해야 하며, 60층이 넘어가면 중간에 피난 안전층을 만들거나 비상용 승강기를 추가해야 한다. 아파트 한 개 층이 통으로 날아가는 셈이다. 이렇게 하나하나 따지고 들어가다 보면 거의 모든 면에서 공사비 인상이 뒤따른다.

지금은 초고층 아파트가 희소성을 갖지만 앞으로 초고층 아파트가 늘어나면 매력도 줄어들 수 있다. 거주 환경 역시 반드시 좋아진다고만 볼 수 없다. 사람에 따라서는 고층 아파트에 사는 것에 거부감을 가지는 이들도 있다. 재건축 아파트가 초고층으로 지어진다고 해서 무조건 환영할 만한 일이 아니다. 우선은 사업성을 따져봐야 하고, 그럼에도 불구하고 이득이 크다고 할 때만 고려해야 할 문제다.

1기 신도시 재건축 가능할까?

분당, 일산 등 1기 신도시 재건축이 화제다. 요즘에는 선거 등 정치적 이슈가 있을 때마다 등장해서 지역 주민의 관심을 불러일으킨다. 하지만 선거가 끝나면 언제 그랬냐는 듯 재건축 이야기가 희미해진다. 기대와 실망이 반복되다보니 재건축이 실제로 가능할지, 가능하다면 그 시기는 언제가 될 수 있을지 가늠하기 쉽지 않다.

1기 신도시는 재건축 사업의 특수성 그 자체로 분석하고 이해할 필요가 있다. 시장을 객관적으로 볼 수 있어야 정치권 이슈에 휘둘리지 않고 제대로 된 판단을 내릴 수 있기 때문이다.

재건축 사업에서 가장 핵심적인 것은 사업성 여부다. 재건축에 투자되는 비용 대비 재건축 후에 얻게 되는 이익이 커야 재건축이 가능해진다. 현재 1기 신도시의 재건축 사업성을 높이려면 분양가를 올리거나 분담금을 높일 수밖에 없다. 문제는 사업성이 있는지 판단하기가 쉽지 않다는 점이다.

초기 투자 비용 증가

재건축을 할 때 막연한 기대감을 품는 것만큼 위험한 일도 없다. 실제로 들어가는 비용 대비 추후 얻을 수 있는 이익이 얼마인지 따져봐야 한다. 둔촌주공아파트 재건축의 경우 투입되는 비용만 수조 원에 달했다. 시간이 지날수록 사업비가 눈덩이처럼 늘어나 공사가 중단될 뻔하기도 했다. 규모가 훨씬 더 큰 1기 신도시의 경우 사업비가 얼마가 될지 가늠조차 되지 않는다. 1

기 신도시의 사업성을 확보하려면 분양 세대수를 대폭 늘리거나 분양가를 높일 수에 없다.

신도시 재개발의 특징

신도시 재건축을 고려하기 전에 신도시가 어떻게 조성되는지 살펴보자. 신도시 개발사업은 대부분 토지공사가 주관하며, 택지를 조성한 후 민관 합동으로 아파트 건설 사업을 진행한다. 지금은 신도시 조성과 관련된 사업을 하면 관련된 내용 대부분이 국민에게 공개된다. 택지 조성비, 인프라 구축 등 기반 시설에 들어가는 원가 비용 구조도 파악할 수 있는데, 이런 내용을 알 수 있다면 향후 1기 신도시 재건축 사업의 구조와 성격도 이해할 수 있다.

신도시 개발 사업에서 토지 보상과 조성이 끝나면 도로, 전기, 수도, 가스 등 도시 기반 시설을 구축한다. 도시 기반 시설 조성은 도시계획법이 정한 내용을 따른다. 예를 들어 인구 100만 명 규모의 도시를 계획하면 그게 맞는 규모로 인프라를 구축하는 식이다. 기반 시설을 조성하는 데 막대한 비용이 들어가며, 시설 규모가 늘면 초기 비용 역시 기하급수적으로 증가한다. 도시가 폭발적으로 성장할 것을 예상하지 않는 한 인프라와 기반 시설을 확대, 변경하기가 쉽지 않다. 1기 신도시를 재개발할 경우 세대 수가 증가하면 그에 따라 기반 시설도 확대하거나 변경해야 하는데, 인프라 재구축에 소요되는 추가 비용이 얼마나 될지 알기 어렵다.

또한 과거 1기 신도시를 만들 때와 지금은 공사비 규모 자체가 다르다. 비용 구조를 알고 싶으면 최근 진행되고 있는 3기 신도시의 내용이 도움이 될 수 있다. 3기 신도시 조성에 들어가는 비용을 살펴보면 1기 신도시 재건축 비용도 그에 준해서 가늠해볼 수 있을 것이다.

결론적으로 1기 신도시를 재개발할 때 사업성을 확보하려면 용적률을 대폭 조정해야 한다. 정부에서는 현재 용적률 200% 내외의 일반주거지역을 종상향해 용적률 400~500%로 만들겠다는 계획이다. 그렇다면 기존 신도시에 살던 사람 외에 늘어나는 세대 수를 받쳐줄 기반 시설의 확충은 필수적이다. 인프라 재건축에는 막대한 비용이 든다. 심지어 신도시 전체를 통으로 재개발할 경우 거기에서 수반되는 각종 비용과 문제점도 고려해야 한다.

주거 환경도 달라질 수 있다. 송파구에 용적률을 높여 재개발한 아파트 단지에 가보면 '닭장 아파트'라는 말이 왜 나왔는지 알 수 있다. 빽빽하게 들어찬 아파트 건물에서 주거 쾌적성을 기대하기 어려운 수준이다. 1기 신도시 역시 지금의 두 배가 넘는 용적률로 재건축을 하면 삶의 편의성과 주거 쾌적성이 떨어질 가능성이 높다.

1기 신도시를 재건축했을 때 수요가 증가할 것이라는 기대도 하기 힘들다. 시간이 오래 걸리는 재건축 사업에서 10~15년 후 주택 수요를 예측하기가 쉽지 않다. 미래 서울 핵심부도 수요층의 감소를 걱정해야 할 판인데, 경기권 신도시에 높은 분양가를 감당하고 들어갈 사람들이 있을지는 아직 미지수다.

최악의 상황

1기 신도시 재개발 투자 매력도가 낮거나 또는 거의 없다고 말하면 사람들 반응이 싸늘하다. 해당 지역에 거주하는 투자자라면 면전에서 욕먹을 각오까지 해야 한다. 하지만 발생하지도 않을 일을 꾸며서 말할 수는 없다. 이리저리 계산기를 두들겨봐도 수익성이 거의 없어 보인다.

최악의 상황은 1기 신도시 재건축 후 공동화현상이 시작되는 것이다. 그러면 주택 가격은 계속 하락하고 도시 활력은 떨어질 수밖에 없다. 이런 식의 미래는 어느 누구도 원하지 않는다.

아예 생각을 바꿔서 1기 신도시가 지금보다 더 노후화되는 것을 기다리는 방법도 있다. 노후도가 심해지면 사람들이 빠져나가고 집값이 하락한다. 15억 원 하던 집이 7~8억 원으로 떨어지면 재건축 원가가 줄어들기 때문에 사업성이 확보될 수 있다.

사례별로 그려보는 재건축 아파트의 미래

1. 압구정 현대아파트

서울에서 가장 알짜 단지로 통하는 재건축 아파트다. 한때 강남의 상징이자 부촌의 상징이었으나 아파트 노후화가 급속히 진행되면서 실거주 매력은 낮아졌다. 2000년대 초반부터 재건축 논의가 시작되었고, 드디어 논의 20여 년 만에 재건축이 본격적으로 진행되고 있다. 설계 업체를 선정한다는 소식만으로 수억 원의 시세 상승이 이뤄지는 등 매번 신고가 행진을 이어가고 있다.

이곳은 1:1 재건축 방식으로 진행될 예정으로, 세대 수가 늘지 않으니 거주 편의성과 쾌적성이 유지될 수 있다. 과거에도 대한민국에서 가장 비싼 아파트였는데 재건축 후에는 그 가치가 더 높아질 수 있다. 대한민국 최고 부촌의 명성을 이어갈 것으로 기대를 모은다.

2. 목동 아파트

압구정과는 양상이 다르다. 1:1로 재건축 할 경우 공사비를 부담할 집주인이 많지 않다. 목동 아파트는 용적률을 높여서 사업성을 확보하는 방식이 유리하다. 지금보다 20% 정도 세대 수가 늘어날 수 있다. 세대 수가 증가하는 대신 거주 편의성과 쾌적성은 낮아질 수 있다. 하지만 소유주 입장에서는 분담금을 내지 않고 새 아파트에 살 수 있으니 재건축을 거부하기는 어려울 것이다. 재건축 후 시세 상승 가능성은 높지 않다. 투자 매력도 보다는 거주 편의성에 중점을 두어야 한다.

3. 은마아파트

상징성이 크다. 재건축 과정에서 부침도 심했고, 부동산 환경 변화에 따라 시세 상승과 하락이 번갈아 이어졌다. 은마아파트 시세가 급등한 것은 2000년대 재건축 논의가 시작되면서다. 2000년 2억 원 하던 시세가 재건축 논의 후 12억 원까지 올랐다. 그러다 금융위기가 터지면서 6억 원대로 다시 주저앉았다. 거의 반 값 이상 떨어졌으나 2017년 주택 경기가 살아나면서 다시 반등을 시작해 2023년 현재 23~25억 원의 시세를 형성하고 있다. 지금 은마아파트 재건축에 투자했을 경우 투자 매력도는 높지 않아 보인다. 사업이 언제 시작될지 알 수 없고, 시작된다고 하더라도 고층 아파트로 재건축 하면 공사 기간은 더욱 길어진다. 지금은 초기 투자 비용이 너무 높은 데다 유지보수 비용도 계속 증가하고 있다. 차라리 가격이 조정받는 시기를 기다렸다가 투자하고 재건축 이슈가 터질 때 팔고 나오는 단기 투자 방식을 고려한다.

재건축을 재고하라

재건축 아파트 투자할 때 중요한 건 입주 시점이 언제인가 하는 것이다. 빨라야 10년 또는 20년이 걸린다면 재건축이 완료된 시점에 아파트 가격이 지금보다 두 배, 세 배 또는 그 이상 오를 수 있을지 확신할 수 있어야 한다. 안타깝게 현재 대한민국 경제성장률은 둔화되고 있으며, 주택 수요는 줄고 인구 감소는 가파르게 진행되고 있다.

지금 재건축 대상 아파트가 너무 비싸다는 것도 약점이다. 시간도 오래 걸리기 때문에 투자와 유지 비용은 계속해서 누적된다. '분담금이 2억 원이면 싸다'는 식의 단순한 기대감으로 재건축에 투자하면 안 된다.

건설사는 망할 일이 없다. '20억 원 아파트 사서 재건축 분담금 2억 원만 내면 미래에 30억 원이 된다'는 것이 재건축 업자들의 논리다. 소비자가 대출받아 투자할 수 있도록 금융 프로그램도 완벽하게 짜준다. 결국 이자 비용도 소비자 몫이다. 재건축 투자로 건설사 좋은 일만 하는 것은 아닌지 살펴볼 시점이다.

재건축 아파트에 투자하려면 시간을 들여 공부해야 한다. 최초 분양가, 2~3년 전 시세, 주변 아파트의 연식에 따른 가격 상승률, 하락률 등을 비교 분석 한다. 투자 금액 대비 기대 수익률을 계산하는 것도 필수다. 각종 금융

비용, 취등록세와 보유세, 수선 유지비 등도 모두 비용으로 계산할 수 있어야 한다. 재건축할 때 내야 하는 분담금, 재건축초과이익환수금 등 다양한 변수도 포함시킨다. 최종적으로 매각했을 때 내 손에 남는 것이 투자 이익금이라는 것을 반드시 기억한다.

3부

상업용 부동산 :

투자의 대세

상업용 부동산 투자 매력도가
증가하고 있다

미래 대한민국 부동산 투자 시장의 대세로 꼽히는 상업용 부동산.
왜 우리는 상업용 부동산에 투자해야 할까?

산업 구조가 바뀌고 있다

지금까지 우리는 주택 투자의 장단점을 살펴봤다. '향후 집값이 떨어질 수 있다' 말보다 더 걱정되는 것은 '집값이 더 이상 오르기 힘든 구조'라는 것이다. 오랫동안 안정적인 수익이 났던 주택 투자 시장의 변화를 확인했다면 다음 단계는 대안을 찾는 것이다. 주택 다음은 무엇이 올 것인가? 3부는 이 질문에 대한 답을 찾아가는 여정이 될 것이다.

부동산 투자 시장의 양대 축은 주택과 상업용 부동산이다. 주택과 달리 상업용 부동산은 투자 시장에서 이해하기 쉽지 않은 상대였다. '그들만의 리그'에서 벌어지는 일이었으며, 일반인이 투자하기에는 한계가 많은 상품으로 인식되기도 했다. 하지만 상황이 변하고 있다. 부동산 투자 시장의 도도한 흐름이 주택을 지나 상업용 부동산으로 이동하고 있기 때문이다. 이는 구조적인 변화다. 경제 발전과 성장이 일정 수준에 도달하면 상업용 부동산이 꽃을 피우는 시기가 도래한다. 우리에게 곧 시작될 변화이기도 하다.

자본을 투자해 수익을 남기고 경제적 이익을 추구하는 것은 인간의 본성이다. 투자자라면 부동산 투자 흐름의 변화를 읽고, 다가올 미래 시장을 상상할 수 있어야 한다. 이제부터 상업용 부동산의 본질을 이해하고, 어떻게 하면 상업용 부동산으로 돈 벌 수 있는지 그 방법을 찾아가보자.

〈건설업 비중〉

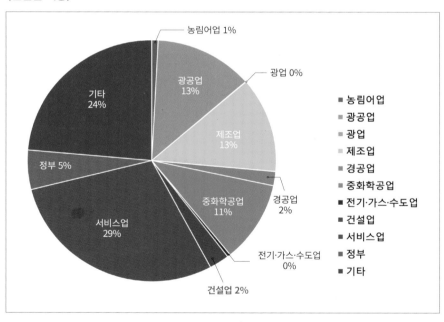

출처 : 통계청, 저자 재구성

건설업의 경쟁력이 약화되고 있다

우리나라 부동산 투자의 역사를 살펴보면 그 시작은 주택이었다. 일단 사두기만 하면 오르는, 투자보다는 '투기'에 가까운 시장이었다. 그렇게 반세기가 지나갔고, 부동산 투자 환경도 사회 변화 흐름에 따라 새로운 변화 조짐을 보이고 있다.

한 나라의 산업 구조는 경제 발전 수준에 맞춰 진화해나간다. 1980년대는 건설과 제조업 등 굴뚝 산업으로 불리던 2차 산업이 맹위를 떨치던 시절이었다. 2000년대 들어서 통신, 금융, 서비스업 등 3차 산업이 활황을 누렸다. 지금은 인공지능과 로봇, 챗GPT 등 고도로 발달한 4차 산업의 중심에 놓여 있다.

이런 변화 과정에서 대표적인 노동 집약 산업인 건설업의 생존이 점점 더 어려워지고 있다. 4차 산업 시대에 걸맞은 고도의 부가가치를 창출하기에는 산업 자체에 한계가 있기 때문이다. 주택 경기 또한 예전 같지 않다. 제아무리 투자 수요가 존재한다고 해도, 이미 국내 주택 보급률이 100%를 넘어선 지 오래다. 옛날처럼 아파트를 건설하기만 하면 완판되던 시절은 다시 오기 힘들다. 현재 문제가 되고 있는 PF 부실 사태가 이를 역설적으로 보여준다.

PF 부실로 드러난 건설업의 한계

지금은 대한민국 전체가 폭삭 주저앉았던 IMF 때나 해외 금융 시장이 폭망했던 금융위기 사태와 전혀 다르다. 현재 우리나라 시장에 돈이 없는 것도 아니다. 시장에는 여유 자금이 넘쳐나고 있다. 그럼에도 불구하고 건설사 PF 부실 사태가 터지기 일보 직전이다. 유일하게 지적되는 원인이 금리이지만,

현재 3%대 금리는 IMF가 터지기 전보다도 낮은 수치다. 우리가 생각하는 것처럼 금리는 높지 않다는 이야기다.

그렇다면 왜 하필 지금 PF 부실이라는 문제가 불거지고 있는지 판단할 수 있어야 한다. 이미 산업 구조적인 측면에서 주택 건설 산업이 사양길에 접어들고 있다는 방증이다. 아파트 등 주택과 관련된 건설 사업은 초토화되고 있지만, 한편에서는 빌딩 등 오피스 건설 시장은 멈추지 않고 계속 돌아가고 있다. 사람들은 항상 돈이 되는 쪽으로 움직인다. 아파트 다음의 성장 동력을 찾아 움직이고 있음을 알 수 있다.

부동산 투자자라면 투자하는 개인의 입장이 아닌, 생산자인 건설 업계가 맞닥뜨린 산업의 구조적인 측면까지 파악할 수 있어야 한다. 그래야 변화하고 있는 부동산 투자 시장의 도도한 흐름을 눈치챌 수 있다.

상업용 부동산은 국내 건설 산업 구조 변화에 따른 새로운 대세 투자 아이템으로 등장하고 있다. 이 상황을 제대로 파악할 수 있다면 왜 지금 상업용 부동산 투자를 시작해야 하는지 알 수 있을 것이다.

주택과 수익 구조가 다른 상업용 부동산

상업용 부동산을 바라볼 때 가장 중요한 개념은 수익성이다. 주택의 주목적이 '거주'라면 상업용 부동산은 '수익'을 내는 데 초점이 맞춰져 있다. 그래서 상업용 부동산에 투자할 때는 '임대를 하고 소득을 발생시킨다'는 원칙이 가장 중요하다. 향후 상업용 부동산을 매입할 계획이 있다면 임대료, 공실, 세금 등을 토대로 최종 수익률을 계산해 투자할지, 말지를 결정하는 방법론적 사고를 해야 한다.

주택은 상업용 부동산과 수익 구조가 다르다. 물론 주택을 수익용으로만 활용한다고 가정하면 수익(월세)을 기대할 수는 있다. 하지만 주택은 수익률에서 일정 금액을 손해 볼 수밖에 없는 구조로 짜여 있다. 예를 들어 30억 원 주택의 전세보증금 시세가 20억 원이라고 가정할 때 이를 월세로 환산하면 월 500만 원이다(전세가율 2.5%). 우리나라에서 월세는 전세보증금을 기준으로 책정되기 때문에 20억 원을 제외한 10억 원은 수익을 내는 데 전혀 활용되지 못한다. 반면 상업용 부동산은 30억 원 시세일 때 30억 원 전액이 월세 수익을 내는 데 활용된다. 상품 자체가 수익을 목적으로 하는 부동산이기 때문에 그렇다. 주택과 똑같은 수익률 2.5%를 적용하면 상업용 부동산은 월 750만 원의 임대료가 발생한다. 주택과 비교하면 50% 더 높은 수익을 얻을 수 있는 상품이다.

주택은 투자금 30억 원 중 10억 원은 '잠자는 돈'이다. 투자할 때 돈이 잠자고 있다는 것은 버리는 것과 같은 의미다. 그래서 주택과 상업용 부동산은 수익 구조가 다르다고 이야기하는 것이다. 주택은 투자한 돈에서 일정 비율로 잠자는 돈이 생기지만, 상업용 부동산은 투자금 전액이 수익률로 환산된다. 수익 창출을 목표로 하는 부동산 투자라면 당연히 상업용 부동산에 투자해야 한다.

실제 부동산 투자 시장에서는 상업용 부동산 임대 수익률이 주택 전세가

율보다 더 높기 때문에 수익은 더 크게 벌어진다. 앞선 계산에서 월 250만 원을 더 벌었다면 실제로는 매월 더 많은 임대 소득을 얻을 수 있다.

주택에서 상업용 부동산으로 갈아탈 시점

하지만 국내 부동산 시장에서 이런 개념은 아직 낯설다. 상업용 부동산 수익 구조를 이해하는 사람도 많지 않다. 지금까지 부동산 투자 시장이 주택 위주로 돌아갔기 때문이다. 집 한 채 사두면 부자 되는 시절이 오랫동안 지속되면서 상대적으로 상업용 부동산에 대한 관심은 낮을 수밖에 없었다. 실제로 우리 주변에서 살펴보면 주택 투자자는 많아도 건물 등 상업용 부동산에 투자하고 있는 사람은 찾기 힘들다.

하지만 앞으로 주택 가격 인상이 지속할지는 누구도 알 수 없다. 앞 장에서 살펴본 것처럼 집을 사기만 하면 가격이 오르던 시절은 우리에게 작별 인사를 고하고 있다. 오른다고 해도 과거처럼 몇 배 이상의 시세 차익을 기대하기가 쉽지 않게 되었다.

지금 주택 투자를 시작한다면 연간 5% 정도 올라야 실질적으로 투자 수익이 발생한다. 10억 원 아파트의 경우 연간 5%가 오른다는 것은 1년에 5,000만 원씩 오른다는 의미이다. 가격이 오르는 동안 투자자는 지출을 해야 한다. 대출 이자, 각종 세금, 유지보수 비용 등을 지불한다. 1년 동안 지출하는 유지 비용이 그 1년간 오르는 5,000만 원보다 낮아야 투자 수익을 얻을 수 있다. 은행 대출 5억 원을 받았다고 가정하면 1년에 들어가는 이자만 2,000~3,000만 원이다. 다주택자라면 재산세와 종합부동산세 등이 추가된다. 각종 비용을 제외하면 최소 연 5%는 올라야 나중에 팔았을 때 수익이 플러스가 된다. 과연 지금 집을 샀을 때 매년 5% 이상 오를 수 있을까? 지금까지는 이런 상황을 미리 계산에 넣지 않아도 될 만큼 집값이 많이 올랐다. 하지만 이제부터는 아니다.

결론적으로 주택 가격 상승이 제한적이어서 투자 수익률이 높지 않으면 주택도 일반적인 부동산 상품 수익 구조로 가치가 측정될 수밖에 없다. 주택도 수익률로 가치가 환산되는 시기가 오면, 구조적으로 유리한 지점에 놓여 있는 상업용 부동산 투자가 유리하다는 판단을 내릴 수 있어야 한다.

상업용 부동산은 임대 수익이 관건

상업용 부동산에 투자할 때 많은 사람이 강남 건물에 눈독을 들인다. 경기나 금리 상황이 좋지 않을 때 시장에 싸게 나오는 매물이 있지 않을까 기대하기도 한다. 하지만 이는 하나만 알고 둘은 모르는 이야기다.

현재 강남에 건물을 소유한 건물주 대부분이 지금보다 가격이 훨씬 저렴할 때 건물을 매입했다. 현재 시세가 100억 원이라면 초기 투자금은 많아야 30~40억 원 수준이다. 상업용 부동산은 레버리지 투자가 기본이므로, 은행에서 50억 원 정도 대출받아 80억 원에 매입했다고 가정해보자. 최근 몇 년 사이에 가장 높은 이자율이었던 6%를 적용하면 매월 은행에 내야 하는 이자액은 2,500만 원이다. 심지어 얼마 전까지만 해도 금리가 2~3%였으니 이를 적용하면 월 1,250만 원의 은행 이자를 내면 되었다. 현재 시세가 100억 원이니 수익률 3%로 임대료를 계산하면 월 2,500만 원의 임대 소득이 생긴다.

이자가 높아져도 건물에서 나오는 월 임대료만으로도 은행 이자를 감당할 수 있다는 이야기다. 그러니 시장이 좋지 않아도, 금리가 높아져도 건물주 마음은 급할 것이 없다. 자신의 주머니에서 나가는 돈이 없기 때문이다. 급하지도 않고 아쉬울 것도 없으니 건물을 싸게 팔 이유가 없다. 만에 하나 시장에 급매물이 나온다면 그건 이자 부담 때문이라기보다 사업자금을 융통하려는 목적 등 다른 이유일 가능성이 높다. 하지만 이런 알짜 급매물은 시장에 나오는 순간 '그들만의 리그'에서 공유된다. 일반 투자자에게 급매물이 공개되는 경우는 많지 않다.

비슷한 상황을 주택에 적용해보자. 월세 받을 목적으로 대출받아 주택을 사는 바보는 없으므로 주택은 거주 목적으로 대출을 받는 것으로 가정한다. 주택담보대출 이율이 3%일 때 5억 원을 대출받아 10억 원 아파트를 사서 입주했는데, 갑자기 금리가 6%로 올랐다. 매월 내던 이자액 125만 원이 갑자기 250만 원으로 늘어난다. 월급쟁이라면 소득의 상당 부분을 이자로 지출할 수밖에 없다. 최근 20~30대 영끌족 중에 보유 주택을 매물로 내놓는 경우가 많은데, 버틸 수 있을 때까지 버티다 결국 매도에 나선 것으로 풀이할 수 있다.

상업용 부동산과 주택 부동산의 수익 구조가 다르기 때문에 위기 상황에서는 훨씬 더 극명한 입장 차에 놓인다. 특히 금리만 놓고 봤을 때 임대 수입이 발생하는 상업용 부동산은 금리가 높아져도 상대적으로 유연하게 대처할 수 있다.

심리적 저항선

아파트 투자는 국민 대부분이 참여하는 시장이므로 경험자도 많고 조언을 구할 곳도 많다. 건물 투자는 한 번도 해본 적 없는 사람이 대다수다. 시장에서 체감했을 때 99% 사람이 주택 투자 경험이 있다면 건물 투자 경험자는 0.01%가 될까, 말까 한다. 그래서 일반인은 건물 투자에 대한 선입견이나 심리적 저항감이 크다. 함부로 뛰어들 수 없는 시장이라며 지레 겁먹고 돌아선다. 몇 가지 이유를 짐작해볼 수 있다.

첫째, 투자 금액 규모가 크다. 주택은 일반인도 대출을 받으면 얼마든지 매입할 수 있는 수준이다. 하지만 건물은 매입 금액 자체가 높다. 대출 규모도 그에 비례해 커지기 때문에 개인이 함부로 뛰어들기 힘들다고 생각한다.

둘째, 정보가 비대칭적이다. 아파트를 비롯한 주택 관련 정보는 인터넷에서 얼마든지 정보를 확인할 수 있다. 가격은 얼마인지, 언제 입주했는지, 세금은 얼마를 내는지 등등 거의 모든 정보가 온라인에 공개되어 있다. 하지만 건물은 객관적인 정보를 얻기가 쉽지 않다. 인터넷에 정보가 나와 있어도 신뢰도가 낮다. 건물 가격은 아파트와 달라서 바로 옆에 붙어 있는 건물이라고 해도 물건 가격이 각기 다르다. 강남 등 요지에서 거래되는 물건은 인터넷에 공개되지 않을 가능성이 높다. 하지만 누군가는 이런 건물에 투자하고 있다. 상업용 부동산은 관련 정보가 비대칭적으로 흐르기 때문에 일반인이 접근하기가 쉽지 않다.

셋째, 건물은 보유하는 동안 신경 쓸 일이 많다. 임차인 관리도 해야 하고, 건물 유지보수도 해야 하며 복잡한 세금 절차도 이해해야 한다. 한 마디로 건물 관리해서 임대료 받는 과정 자체가 무척 까다롭고 힘들다.

넷째, 공부해야 하는데, 하기 힘들다. 주택은 대부분 경험적으로 아는 내용이고, 공부라고 해봐야 어려울 것이 없어 보인다. 하지만 건물은 막상 투자하려고 하면 배우고 알아야 할 것 투성이다. 대출 금융 구조부터 시작해 임대 관리, 세금, 정책 등 하나씩 찾아 공부해야 한다. 건물 공부는 시간을 투자해 깨닫는 과정이 필요한데 주택보다 복잡하고 어려우니 지레 포기해버린다.

이렇게 다양한 진입 장벽이 존재해왔던 까닭에 상업용 부동산 투자 시장은 자산가들의 놀이터가 되었다. 진입 장벽이 높을수록 그 안에 들어가 있는 사람들에게는 유리하게 돌아갈 수밖에 없다. 실제로 건물 투자를 한 번 해본 사람은 주택 투자에 연연하지 않는다. 주택 투자 수익은 미미하게 여겨질 만큼 건물 투자 수익이 크기 때문이다. 세상에는 건물 한 채 지니지 못한 사람이 대부분이지만, 건물을 한 채만 가지고 있는 사람도 거의 없다. 한 번 건물 투자로 수익을 보면 계속 건물 투자를 할 수밖에 없을 만큼 매력적이라는 뜻이다.

지금은 과거와 달리 일반인이 건물 투자에 뛰어들기 쉬워졌다. 진입 장벽도 조금씩 낮아지고 있다. 일반인이 상업용 부동산 투자로 기회를 잡을 수 있는 환경이 조성되고 있으니 지금이라고 늦지 않았다고 생각하고 공부를 시작해야 한다.

건물 투자는 결혼과 비슷하다

건물 투자 상담하러 오는 사람들이 제일 많이 하는 말은 "제가 한 번도 안 해봤는데 투자할 수 있을까요?"다. 아파트에 투자하는 사람은 이런 말을 거의 하지 않는다.

건물은 주택에 비해 어렵고 복잡하다고 생각한다. 건물 투자자를 직접 만나기도 쉽지 않다. 아는 사람의 아는 사람이거나 풍문으로만 접한다. 운이 좋아 건물 투자자 지인을 두고 있어도 '신경 쓸 게 너무 많아 힘들다'는 푸념을 듣기 십상이다. 투자에 관한 노하우나 속 이야기를 듣기가 쉽지 않으니 아무나 건물 투자하는 것이 아니라고 지레짐작하고 포기한다.

그럼에도 불구하고 용기를 낸 이들이 건물 투자 상담을 하러 온다. 돈을 벌고 싶다는 욕망이 큰 사람들이다. 이들은 돈이 얼마나 있어야 건물 투자할 수 있는지를 가장 궁금해한다. 단순하게 말하면 10억 원으로 건물 투자할 수 있고, 4억 원으로도 건물을 살 수 있다. 투자 금액의 많고 적음에 따라 투자 설계를 다르게 하면 된다. 방법론이 다양하다는 의미다.

과거에는 상업용 부동산을 살 때 초기 투자 비용이 높았던 것이 사실이다. 하지만 요즘 서울 아파트 한 채가 10억 원을 가뿐히 넘는다. 강남 요지의 아파트라면 20~30억 원은 필요하다. 주택과 건물의 투자금 차이가 많이 줄었다. 지금은 아파트 투자할 수 있는 자금력이면 얼마든지 건물 투자가 가능하다.

건물 투자는 결혼과 비슷하다. 결혼은 처음 하기 때문에 무섭고 두려운 마음이 앞선다. 주변에 자기보다 먼저 결혼한 선배나 지인, 가족을 붙잡고 결혼해도 될지, 어떻게 하면 좋을지 등등 조언을 구한다. 혼자서 이리저리 계산기를 두들겨보기도 하며, 잘 사는 주변 사람을 보며 벤치마킹하기도 한다. 꼭 해야 하는 것, 하고 싶은 것이기 때문에 결혼을 감행하는 것처럼 상업용 부동산 투자도 마찬가지다. 꼭 필요하다는 판단이 서면 할 수밖에 없다.

건물 투자는 공부할 것이 많아 귀차니즘에 빠지기 쉽다. 하지만 신경 쓸 것이 많고 알아야 할 게 많다는 것은 그만큼 먹을 것이 많다는 이야기다. 건물 투자는 어려운 만큼 그 열매는 크고 달다.

건물 투자에 로직이 생겼다

지금은 건물 투자에 로직이 생겼다. 쉽게 말해, 초보자도 따라 할 수 있는 건물 투자 매뉴얼이 만들어져 있다는 뜻이다. 건물 투자부터 관리, 매각에 이르는 전 과정이 체계적이고 논리적인 구조로 짜여 있다.

금융 기법을 이해하라

상업용 부동산은 돈이 많이 들기 때문에 다양한 금융 기법을 활용해야 한다. 단순히 은행에서 대출을 받는 것이 아닌, 자산운용방식에 가깝다. 대출금을 증액시키거나 이자율을 낮추기 위한 방법 외에도 운영과 매각 과정까지 다양한 상황을 가정하고, 그에 따라 필요한 대출 방법을 찾아서 활용해야 한다.

예를 들어 100억 원짜리 건물을 살 때 자기 자본금 30억 원 외에 나머지 70억 원을 대출받는다고 가정해보자. 투자자 입장에서는 70억 원 대출에 대한 이자가 큰 부담으로 다가온다. 대출 이자가 5%일 때 매달 내야 하는 이자만 3,000만 원이다. 우선 월 3,000만 원의 이자 비용을 낮추는 방법이 필요하다. 투자자 신용도가 높으면 이자율을 낮출 수 있다. 투자자가 개인사업자인지, 법인사업자인지에 따라서 대출 심사 내용도 달라진다. 투자자는 예금, 주식 등을 담보로 해서 대출금액을 늘릴 수 있으며, 아파트를 소유했다면 주택담보대출도 활용할 수 있다. 매월 내야 하는 은행 이자에 맞춰 건물의 임대 수익률도 맞출 수 있으며, 이렇게 맞춘 금액에 따라 대출 설계가 연동된다. 건물에 투자할 때는 개인이 활용할 수 있는 거의 모든 금융 기법이 동원된다고 보면 된다.

사람들은 항상 "얼마가 있어야 건물 투자가 가능한가?"라고 묻지만, 건물 투자할 때 사용하는 금융운용방식을 이해한다면 투자금이 얼마 있는지가 별로 중요하지 않다는 것을 알 수 있을 것이다. 투자자가 가진 자산 규모에 맞춰서 대출 등 금융지원방식을 설계하기 때문이다. 10억 원이 있어도 건물을 살 수 있고, 5억 원이 있어도 건물을 살 수 있다. 물론 자기 자본금이 적으면 매입할 수 있는 건물의 규모나 수준이 마음이 들지 않을 확률이 높다.

담보인정비율

주택담보대출은 종류도 많고 내용도 복잡하다. 생애최초주택대출, 신혼부부대출, 신생아특례대출 등 대출받는 사람의 조건에 맞춰 적합한 상품을 찾아내야 한다. 담보인정비율(LTV : Loan to Value)이나 금융부채상환능력(DTI : Debt To Income) 규제에 따라 대출금액도 큰 폭으로 변동되기 때문에 대출 정책 변화도 중요한 변수가 된다.

반면 건물 대출은 심플하다. 담보인정비율 하나로 모든 것이 결정된다. 상업용 부동산은 일반적으로 담보인정비율 70~80% 안에서 대출금액이 정해진다. 건물 임대료를 받아 이자를 낼 수 있는 비율도 정해져 있다. 은행에서 대출을 받는 과정을 통해 건물 구입 자금 규모나 임대 계획 등 투자 내용과 관련해서 사전에 충분히 예측할 수 있다.

금융기관도 건물 대출에 더 매력을 느낀다. 담당자 입장에서는 주택담보대출이나 건물 대출이나 업무량이 비슷하다. 5억 원 아파트 대출이나 50억원 건물 대출이나 처리하는 일은 비슷하다는 이야기다. 똑같은 시간과 노력을 들여서 대출 업무를 진행하지만, 건물 대출금액이 크기 때문에 상업용 부동산 대출의 부가가치가 높다. 이익이 더 많이 발생하니 선호할 수밖에 없다.

예전에는 은행 대출 업무에서 기업 대출이 차지하는 비중이 높았지만, 요즘에는 건물 등 상업용 부동산 투자 비중이 높아지고 있다. 또한 과거에는 제1금융권에서 상업용 부동산 대출을 해주었다면 요즘에는 제2, 제3금융권에서도 대출을 받을 수 있다. 최근에는 자산운용사의 상업용 부동산 투자 비중도 점점 높아지고 있다.

소비자 수요가 늘고 사업 규모가 커짐에 따라 금융기관도 그에 부응할 수 있는 자신들만의 업무 로직을 만들고 있다. 건물에 투자자 입장에서는 과거와 달리 훨씬 수월하게 건물 투자 환경이 조성되고 있는 셈이다.

상업용 부동산 수익률의 진화

상업용 부동산은 개발 이슈에 민감하다. 지하철역이 생기거나 아파트 재개발, 기타 특정한 개발 계획이 생겼을 때 그 후광을 톡톡히 얻는다. 서울은 좁은 땅덩어리에 많은 인구가 모여들기 때문에 개발 이슈가 지속적으로 공급될 수밖에 없다. 정부 정책은 물론이고 교통, 인프라 등이 끊임없이 보완되고 업그레이드되면 이는 자연스럽게 지가 상승으로 연결된다. 일례로 성수동은 준공업지대 개발 정책에 따라 짧은 시간 안에 막대한 개발 이익을 누릴 수 있었다. 이와 비슷한 지역과 사례는 얼마든지 찾을 수 있다.

개발 이슈뿐만 아니라 임대료 상승, 인플레이션 등등 전반적인 사회 변화 요소들도 현재 상업용 건물 가치 상승을 이끌어가는 요소다. 개발 이익과 임대 수익을 통한 상업용 부동산 수익률의 진화 가능성은 활짝 열려 있다.

건물을 사는 것이 아니라 땅을 사는 것

'건물이 낡아 다 쓰러져 갈 것 같다'는 이유로 매입을 꺼리는 건물 투자자가 있다. 건축비가 부담스럽기 때문이다. 서울 땅값이 평당 1억 원이라고 할 때, 건축에 드는 비용은 평당 1,000만 원 내외다. 평당 공사비가 600~700만 원 수준에서 용적률 200%인 건물을 신축할 때 평당 1,200~1,400만 원의 건축비가 든다. 땅값에 비교하면 10~20% 선이다.

건축물은 한 번 지어지고 나면 시간이 지날수록 감가상각되는 물건이다. 건물이 지어진 후 40년 정도 지나면 매매할 때 땅 가격만 산정하는 경우가 많다. 이때 건물 자체 가격은 0원에 수렴된다.

건물 투자의 진정한 의미를 알면 건축비는 중요하지 않다는 것을 알 수 있다. 건물을 사면 땅값은 계속 오른다. 우리나라 건물 공시지가는 특별한 경우를 제외하면 거의 매년 오르고 있다. 2019~2021년 사이 큰 폭으로 상승했으며, 강남의 특정한 곳은 1년에 공시지가가 17% 오르는 곳도 등장했다. 공시지가가 이 정도 오르면 건물 가격은 50% 이상 상승할 수 있다.

땅값이 평당 1억 원일 때 공시지가 5%가 오르면 평당 500만 원이 오른 셈이다. 건축비가 1년에 5% 오르면 평당 60만 원 오른 것이다. 땅값이 500만 원 오를 때 건축비가 60만 원 상승하면 결과적으로 1년에 440만 원 이익이라는 계산이 나온다. 땅값 오르는 것에 비하면 건축비가 오르는 것은 새 발의 피 수준이다. 그래서 건물을 살 때는 건물 그 자체보다 땅의 가치를 따져보고 투자하는 것이다.

비싼 땅일수록 제값 한다

건물의 임대 수익률은 임대 면적과 직결된다. 임대 면적은 궁극적으로 지상층 연면적으로 판가름 나는데, 건물에 층수를 추가해 연면적을 증가시키면 임대 수입 또한 그에 비례해 늘어난다. 물론 건물주 입장에서는 층수를 높일 때마다 공사비 등 건축비 부담이 추가된다. 하지만 건축비는 땅값에 비교하면 미미하다. 서울 요지 땅값이 평당 1억 원이라고 가정할 때 공사비는 평당 10~20% 선이다. 땅값의 비중이 훨씬 크기 때문에 공사비가 들더라도 연면적을 증가시켜 임대 수익을 높이는 것이 맞는 투자 방법이다.

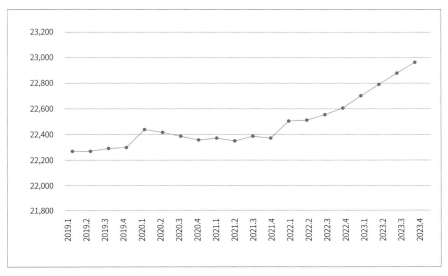

출처 : 한국부동산원, 저자 재구성

　상업지역이나 준주거지역은 연면적을 높일 수 있다. 이런 곳은 기본적으로 용적률이 높으며, 대부분 역세권 대로변에 있어 상권도 안정적이다. 상업용지는 지가 상승률이 높은 시기에 땅값 인상 폭도 크다. 예를 들어 3종 일반주거지역의 땅값이 평당 1억 원, 상업용지가 평당 2억 원이라면 연면적이 두 배 이상 증가하는 것은 기본이고, 임대료가 일반 용지에 비해서 상업지가 높기 때문에 땅값 인상은 물론이고 상업지 투자 수익률이 훨씬 높아진다.

　상업용지의 인기는 앞으로 더욱 높아질 것이다. 서울 안에 있는 상업용지 규모가 작기 때문이다. 강남만 놓고 봐도 상업지 비율이 채 10%도 되지 않는다. 면적은 넓지 않은데 수요가 많으니 가격 상승률이 가파르다. 강남뿐 아니라 서울에 있는 상업용지도 비슷한 상황이다. 교통의 요지이고, 상권도 좋으며, 입지도 좋은데 여기에 더해 임대 수익률까지 높은 상업용지의 건물 투자 매력도는 거듭 강조해도 지나치지 않다.

임대료의 추세적 상승

최근 서울 지역 상업용 부동산 임대료가 상승하고 있다. 다양한 요인이 존재하지만, 제일 먼저 코로나19 영향을 들 수 있다. 코로나19가 발생한 직후 오프라인 상점의 영업이 거의 마비되다시피 했다. 영업이 되지 않으니 임차인이 임대료를 낼 수 없게 되었고, 건물주 역시 타격이 컸다. 이를 극복하기 위해 코로나19 시기 약 2년 동안 착한 임대인 운동이 벌어져 임대료를 낮춰주거나 임대료를 인상하지 않았다. 하지만 코로나19가 끝나고 임대 시장이 정상화되면서 그동안 낮췄던 임대료가 제자리를 찾아가고 있다. 이 과정에서 계약이 만료되거나 재계약을 앞둔 임차 물건 중심으로 임대료가 급격히 상승하고 있다.

임대료 상승의 두 번째 요인으로 인플레이션을 꼽을 수 있다. 전기, 수도 요금 등 공공요금을 비롯해 농수축산물, 생활필수품, 서비스 품목 등 오르지 않은 종목을 찾기 힘들 정도로 국내 전체 물가가 뛰어오르고 있다. 이렇게 되면 임대료도 인상될 수밖에 없다.

임대료 상승의 세 번째 요인은 신축 건물의 부족이다. 상업용 부동산 시장에서 구축 건물 임대료와 신축 건물 임대료 차이가 크게 벌어지고 있다. 아파트와 마찬가지로 상업용 부동산 시장 역시 신축 건물을 선호한다. 깨끗하게 잘 지어진 건물은 임차인이 장사를 하거나 사업을 할 때 매출에 영향을 준다. 소비자 선호도가 높아 재방문율이 높아지고, 이는 곧 매출로 연결되어 수익이 높아진다. 임차인은 임대료가 비싸도 장사가 잘되어 매출이 늘어나면 훨씬 이익이 크다는 것을 안다. 결국 신축 건물에 대한 수요는 증가할 수밖에 없다. 서울 요지에 있는 건물의 노후도는 심해지는데 신축 건물의 공급은 부족하니 임대료는 오를 수밖에 없는 구조다.

또한 향후 금리 인하가 예상되면서 임대 수익률 증가도 기대된다. 상업용 부동산 시장에서 매매가 기준 임대 수익률은 보통 2~3% 선이다. 만약 금리 인하 덕분에 이 수치가 3~4%로 인상되면 건물 매매가에 긍정적인 영향을 미친다. 이는 상업용 부동산 투자의 적기가 시작되고 있다는 것을 시사한다.

〈신규 오피스 공급물량〉 (단위 : 평)

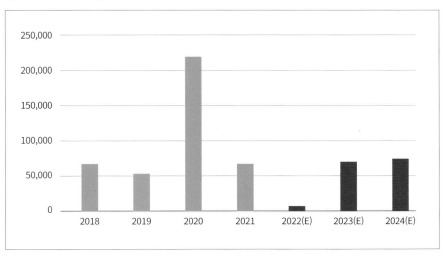

출처 : 신한은행 부동산 투자 자문센터, 저자 재구성

오피스가 부족하다

오피스 시장의 부익부 빈익빈 현상도 강해지고 있다. 대기업이나 중견기업 등 재정 상태가 안정적인 회사일수록 직원을 위해 쾌적한 근무 환경을 만들기 위해 노력한다. 회사의 1인당 오피스 사용 면적이 과거에 비해 넓어지고 있으며, 부대 시설 면적 역시 증가하고 있다. 반면 영세 사업장은 대기업과 비교했을 사업장 근무 환경이 열악하다. 1인당 점유 면적도 좁고 직원을 위한 편의 시설이나 부대 시절 면적이 적다. 오피스 시장의 빈익빈 부익부 현상은 상업용 부동산 임대 시장에도 영향을 미치고 있다.

1인당 오피스 사용 면적 증가

과거에는 오피스를 설계할 때 1인당 사용 면적을 1.5~1.8평 정도로 잡았다. 100명이 일하는 사무실이면 180평 정도 규모로 충분히 사무실을 설계할 수 있었다. 직원 100명이 사용하는 책상뿐 아니라 회의실, 수납공간, 탕비실 등 기본 사무실 구조가 다 포함되고도 남는 면적이었다.

지금은 180평으로는 어림도 없다. 100명이 근무하면 400~500평 정도를 요구한다. 심지어 회사 분위기에 따라서는 500평도 부족하다고 여긴다. 이유는 다양하다. 우선 직원용 서비스 면적이 과거의 개념과 달라지고 있다. 회의실, 휴게실, 운동실 등을 갖추려고 하며, 탕비실도 규모가 달라지고 있다. 냉장고는 기본이고 음료나 간식 자판기가 있는 곳도 많으며, 직원들이 휴식을 취할 수 있는 공간으로 진화하고 있다. 직원용 책상도 직사각형 책상 대신 큰 면적을 차지하는 원형이나 타원형이 선호되고 있으며, 보조 책상이 추가되는 경우도 많다. 야근하는 직원을 위한 수면실, 어린 자녀를 둔 직원을 위해 어린이집을 만드는 회사도 많다. 이처럼 사무실에 대한 개념이 과거와 달라지고 사용자 편의 시설이 확충되면서 오피스 공간 개념이 확장되었다. 최근에는 직원 1인당 4평 정도는 필요하다고 여긴다. 오피스 사용 면적의 증가는 실제로 오피스 수요 증가로 이어진다.

기업 수는 증가하는데, 땅은 줄고 있다

경제 규모가 커지면 기업 수도 자연스럽게 증가한다. 기업은 계속 생기고 소멸하기도 하지만 장기적인 추세로 보면 우상향 곡선을 그린다. 기업 수가 증가하면 사무실 공간 수요도 증가할 수밖에 없다. 하지만 땅은 한정되어 있다. 오피스 시설이나 업무 시설은 입지 조건이 뛰어난 상업지에 지어질 확률이 높다. 하지만 최근 서울 도심 안의 상업지 상황이 여의치 않다. 오래된 빌딩을 부수고 새로 지을 때 기존 오피스 건물로 재건축하는 것이 아니라 오피스텔이나 주상복합 건물 등 사람들이 거주하는 시설로 바뀌고 있다.

우리나라 부동산 정책은 주거에 중심을 둔다. 사람들이 주택 정책에 민감하게 반응하며, 주택 공급부족론으로 정부 정책을 압박하기 때문이다. 교통 좋은 요지나 상업지를 도시형 생활주택, 청년임대주택 등 공공 주거 시설로 내주는 경우가 많아졌다. 원래는 일반 사무실 건물이었는데 주거 시설로 바뀌다 보니 결론적으로 상업용 오피스 공간은 시간이 갈수록 줄고 있다. 이를 다른 각도에서 바라보면 현재 입지 좋은 곳에 있는 오피스 건물 가치는 계속해서 높아질 수밖에 없다.

건물도 리노베이션이 필요하다

건물의 재건축 연한도 다가오고 있다. 서울이 발전하는 과정에서 아파트 뿐만 아니라 건물도 폭발적으로 지어지던 시기가 있었다. 이제 50년이 흐르면서 노후한 건축물이 계속 증가하고 있다. 이미 서울 아파트는 재건축 연한이 충족되어 속속 재건축이 진행 중이다. 건물도 비슷한 과정을 밟을 것으로 예상된다. 지금도 서울 시내를 다니다 보면 재건축하는 건물이 많다. 이런 상황은 지속적으로 증가할 것이다. 재건축 연한을 충족한 건물을 새 건물로 탈바꿈시키는 과정에서 밸류업을 통한 가치 상승도 기대된다.

또한 앞서 지적한 것처럼 탈바꿈 과정에서 건물 일부가 사라져 버리면서 오피스 시장의 공급 부족도 예상된다. 건물 임대 시장에서 수요가 부족하면 임대료가 인상되는 등 공급자 우위 시장으로 재편될 수 있다.

건물 투자로 옮겨탈 시점

최근 주택 가격이 가파르게 상승하면서 개인의 보유 자산 규모도 덩달아 증가했다. 서울 요지의 아파트가 30~40억 원을 넘기도 한다. 부자일수록 지속적인 투자를 통해 자산 가치를 늘리고 싶어한다. 문제는 현재 주택 투자 시장 리스크가 너무 크다는 것이다. 가장 중요한 이슈는 미래 주택 수요다.

누가 집을 살까? 집을 사줄 충분한 인구가 뒷받침될까? 지금 우리나라 인구 감소율은 치명적이다. 인구 감소 문제만 있는 것이 아니다. 정책 리스크, 세금 리스크 등 그 어느 때보다 불안한 부동산 경기 상황이 펼쳐지고 있다. 수십 억 원을 집에 깔고 앉은 채 10~20년 후의 수익을 기대하기 어렵다.

자산가들이 이런 불안감을 느끼며 새로운 투자 시장을 찾아 움직이고 있다. 과거 20~30억 원 이상을 보유한 자산가 규모가 30~50만 명 수준이었다면 지금은 100만 명 정도로 추산된다. 건물로 옮겨탈 수 있는 투자자 규모가 그만큼 넓어졌다는 의미다. 이들은 보유한 주택을 활용해 레버리지 투자로 건물 매입을 타진하고 있다. 건물 투자 시장 확대는 파이를 키우고, 파이가 커지면 투자자가 돈 벌 수 있는 기회도 그만큼 커진다.

정책 리스크가 적다

상업용 부동산 시장이 커지게 된 데에는 정부 정책도 한몫했다. 다주택자를 향한 정부 규제 정책이 강화되면서 주택 투자 매력도가 떨어졌고, 자산가들은 '그럴 바에는 차라리 상업용 부동산으로 옮겨 타는 게 낫다'고 판단하고 있다.

상업용 부동산은 정책 리스크가 많지 않다. 건물이나 상가 등 상업용 부동산은 기업가가 사업 등 상업 활동을 통해 부가가치를 생산하는 기본 사업장이다. 기업 활동을 하면 법인세 등 세금을 내게 되고, 세수가 증가하면 나라 살림살이가 좋아진다. 이처럼 상업용 부동산은 한 나라의 경제를 돌아가게 하는 기본 단위이기도 하다. 이런 상업용 부동산에 정부가 규제 정책을 펴면 어떻게 될까? 기업 활동이 위축되는 것을 넘어서 산업 전반에 걸쳐 좋지 않은 영향을 끼칠 수 있다. 소비, 고용 등도 불안해진다. 그래서 어떤 정부건 간에 상업용 부동산을 규제하는 정책을 펴는 것에 조심스러운 태도를 취한다. 바꿔 말하면 상업용 부동산을 향한 정부 정책 규제의 칼날은 주택에 비하면 훨씬 수위가 낮을 수밖에 없다.

건물 투자는 주택 투자에 비해 상대적으로 리스크가 적다. 건물을 보유하는 동안 투자 환경이 변하거나 흐름이 바뀌어도 대응할 수 있는 여지가 많다.

혼자 다 하지 않아도 된다

상업용 부동산, 특히 건물의 가장 큰 단점은 보유하는 동안 신경 써야 할 것들이 많다는 것이다. 건물 관리에 필요한 업무뿐 아니라 세법, 건축법, 소방법, 건축법 등 다양한 관련 법도 이해해야 한다. 건물 한 채 사서 임대료 받아 편하게 먹고 살 작정이었는데, 오히려 어렵고 귀찮은 일이 많다며 지레 겁먹을 수 있다. 하지만 지금은 환경이 변했고, 관리 시스템도 많이 발전했다.

1. 세무사 한 명은 옆에 두자

투자자가 제일 어려워하는 것이 세금 문제다. 관련 업무에 대해 잘 알지 못하기 때문이다. 세금 고지서가 발부되고 이를 해결하기 위해 세무서에 발걸음해야 하는 것부터 막막하다. 실제로 세무사나 회계사 입장에서는 너무 단순해 고민이 필요 없는 작업임에도 일반인에게는 넘지 못할 산처럼 어렵기만 하다. 이럴 때는 비용을 조금 들이더라도 전문가의 도움을 받는 것이 좋다. 매달 일정한 비용만 내면 기장 업무를 대신해줄 뿐 아니라 세금 관련 문제가 발생했을 때 적절한 조언도 구할 수 있다.

건물에서는 매월 임대 소득이 발생한다. 법인으로 건물을 사면 분기별로 부가세를 신고해야 한다. 개인사업자로 건물을 샀다면 1년에 한 번씩 종합소득세 신고를 해야 한다. 지금은 비용 처리 등 각종 세금 기장 업무가 전산화되어 있다. 컴퓨터에 숫자를 입력하기만 하면 회계사에게 전달되어 자동으로 업무가 처리될 수 있다. 언제든 세무 관련 상담이 가능한 세무사 한 명을 곁에 두는 것은 건물 투자자에게 꼭 필요한 일이기도 하다.

세법은 매년 조금씩 바뀐다. 과거 알고 있던 상식으로 현재의 세금 문제를 해결하기에는 한계가 있다. 양도소득세는 관련 법이 너무 자주 바뀌고 복잡해져서 전문가가 아닌 이상 파악하기 불가능할 정도다. 심지어 전문 세무사조차 양도소득세 관련 세무 업무를 포기하는 경우도 있다. 세법은 시대와 환경에 따라 계속 바뀌므로 전문가의 도움을 얻을 것을 권한다.

2. 법인은 '가족 은행'과 같다

건물 투자를 처음 하는 사람은 법인 투자를 꺼린다. 법인 투자는 복잡하고 어렵다고 생각하며, 개인사업자로 투자해야 수익금 활용이 자유롭다고 생각한다. 이는 하나만 알고 둘은 모르는 것이다. 개인이 임대사업자로 건물 임대업을 하면 불리한 점이 많다. 먼저 세율이 높다. 만약 월 임대료 1,000만 원을 받는 개인 임대사업자가 있다면 연소득은 1억 2,000만 원으로, 38%의 세율이 부과된다. 월급쟁이와 소득세가 똑같다. 만약 월급 소득 외에 추가로 다른 사업 소득이나 노동 소득이 있다면 세금은 더욱 치솟는다. 세금을 낮추기 위해 비용 등 경비 처리가 가능한 항목이 필요한데, 개인사업자가 받을 수 있는 혜택 항목은 상당히 제한적이다. 꼼짝없이 임대 수익의 상당 부분을 세금으로 토해낼 수밖에 없다.

하지만 법인으로 건물을 매입하면 사업 비용 처리뿐 아니라 법인세 감면 등 받을 수 있는 혜택이 다양하다. 건물을 매각하거나 자식에게 증여 또는 상속할 때에도 훨씬 유리하다. 문제는 법인으로 사업을 벌이는 것을 꺼리는 투자자가 많다는 것이다. 사업이 복잡하다고 여길 뿐만 아니라 법인에서 발생한 소득을 개인 자산으로 운용하기 어렵다고 생각하기 때문이다. 하지만 생각을 바꿔야 한다. 법인은 '가족 은행'과 같은 개념이다. 투자 자금이나 법인 수익 등을 관리할 때 가족 은행이 있으면 훨씬 안전하며, 무엇보다 제도를 유리하게 활용할 수 있다. 한 명이 여러 개의 법인을 만들 수도 있어 운용의 폭이 넓다. 다수의 법인을 활용하면 장기적인 관점에서 건물 투자 수익률을 높일 수 있다. 법인 설립과 운영과 관련된 업무는 생각보다 어렵지 않다. 당장 법무사에게 법인 설립을 요청하면 수일 내에 법인 등록이 완료된다. 적은 비용 투자로 효율적으로 업무 처리할 수 있는 방식을 익혀야 한다.

3. 관리, 시스템을 이용하라

건물 관리의 첫 번째 어려움은 임차인 관리다. 임차인 각 개인이 처한 사정이 다르고, 이에 대응해 문제를 처리하는 과정에서 다양한 문제가 발생한다. 건물주에게 가장 많은 스트레스를 주는 것이 바로 임차인 관리다. 임차인 관리에 익숙해지면 그다음 단계가 상가 임차 구성이다. 주변 상권에 대한 이해는 필수이고, 상권과 유동인구의 특성을 파악해 어떤 업종을 들이는 것이 자신의 건물에 유리한지 알아야 한다.

예를 들어 임차인이 1층에 김밥집을 운영한다고 할 때 이것이 유리할지 불리할지 따질 수 있어야 한다. 조리할 때 냄새가 날 수 있고, 다른 업종이 입점하려 할 때 부정적인 영향을 끼칠 수 있다. 1층에 음식점이 입점하면 2층에는 사무실 임대가 힘들어질 수 있다. 일반적으로 건물 임대 구성에서 음식점은 선호되지 않는다. 하지만 음식점에 임차를 내어주면 높은 임대료 책정이 가능하다. 임대 수익을 위한 목적으로 건물을 매입했다면 음식점을 입점시켜 임대 수익을 높이는 것이 유리하다. 이처럼 자기 건물의 임대 구성을 할 때도 알고 있어야 할 배경 지식과 노하우, 조건에 따른 빠른 판단력이 필요하다.

결론적으로 건물 투자는 사업이다. 단순한 구멍가게 놀이라고 생각하면 큰 오산이다. 건물을 사서 보유하고 매각하는 전 과정에서 작은 기업을 운영한다는 생각으로 시작해야 한다. 이 부분을 간과하면 수많은 문제 앞에서 좌절한다.

투자자 개인이 일일이 그 많은 문제를 해결하기는 힘들다. 전문가의 도움을 받는 것은 물론, 시스템을 이용해야 한다. 다행히 지금은 건물 투자 관련 조언가도 늘고 있고, 투자 시스템도 갖춰지고 있다. 모든 일을 혼자서 다 해야 한다고 생각하기 때문에 건물 투자가 어렵게 느껴지는 것이다. 초보 투자자일수록 이런 경향이 강하다. 이런 생각만 뛰어넘을 수 있다면 건물 투자라는 신세계에 발을 들여놓을 수 있다.

〈2023년 3분기 서울시 권역별 매매거래량, 매매거래금액〉

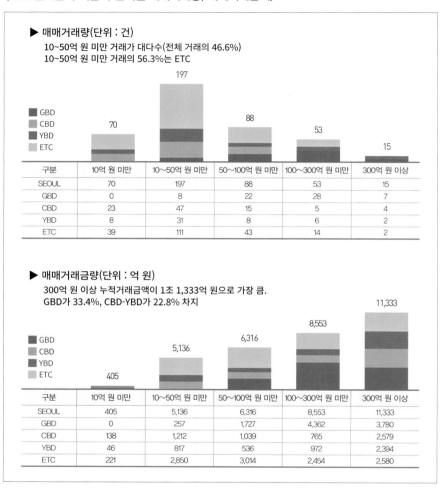

▶ 매매거래량(단위 : 건)

10~50억 원 미만 거래가 대다수(전체 거래의 46.6%)
10~50억 원 미만 거래의 56.3%는 ETC

구분	10억 원 미만	10~50억 원 미만	50~100억 원 미만	100~300억 원 미만	300억 원 이상
SEOUL	70	197	88	53	15
GBD	0	8	22	28	7
CBD	23	47	15	5	4
YBD	8	31	8	6	2
ETC	39	111	43	14	2

▶ 매매거래금량(단위 : 억 원)

300억 원 이상 누적거래금액이 1조 1,333억 원으로 가장 큼.
GBD가 33.4%, CBD-YBD가 22.8% 차지

구분	10억 원 미만	10~50억 원 미만	50~100억 원 미만	100~300억 원 미만	300억 원 이상
SEOUL	405	5,136	6,316	8,553	11,333
GBD	0	257	1,727	4,362	3,780
CBD	138	1,212	1,039	765	2,579
YBD	46	817	536	972	2,394
ETC	221	2,850	3,014	2,454	2,580

출처 : 부동산플래닛, 저자 재구성

상업용 부동산 투자,
어떻게 할까?

상업용 부동산 투자 매력도를 이해했다면 지금부터는 건물 투자 실전이다.
어떤 건물을 사야 돈 벌 수 있을까?

입지적으로 유의미한 상권

상업용 부동산을 사겠다고 마음먹으면 무엇부터 살펴봐야 할까? 제일 중요한 것은 입지다. 그중에서도 사람들이 모이는 입지가 핵심이다. 사람이 많이 모여드는 곳에 돈이 돌고 부가가치가 창출된다. 이는 곧 성장과 발전으로 이어진다. 높은 부가가치가 만들어지는 곳을 '상권'이 형성되어 있다고 표현한다. 상권이 좋을수록 건물 투자 가치가 높다.

상권을 이해할 때 가장 주의해야 할 것은 이동성이다. 상권은 계속 움직인다. 화려하게 번성하던 상권도 몇 년 안에 사라지는 경우가 흔하다. 지금 당장 사람들이 많이 몰려든다고 해서 그 상권이 계속 번성하리라는 보장이 없으며, 지금은 상권이 쇠퇴했지만 언제 다시 살아날지 알 수 없다. 이처럼 상권은 살아 있는 생명체와 같이 끊임없이 변한다. 트렌드가 바뀌면 상권도 그에 따라 변화하면서 쇠락과 번성을 반복한다는 것을 기억해야 한다. 특히 젊은 층의 소비 성향은 온라인을 매개로 빠르게 변화하고, 상권도 그에 따라 변화무쌍하다. 이처럼 상권의 변화 움직임을 살펴보고 입지적으로 유의미한 상권을 찾아내어 그곳에 투자하는 것이 상업용 건물 투자의 성패를 가른다.

무엇이 바뀔 것인가?

별다른 노력을 하지 않았는데 자신이 보유한 건물의 가치가 갑자기 높아지는 경우가 있다. 대치동에 빌라를 갖고 있었는데, 학원가로 급부상하면서 빌라를 근생건물로 리모델링하거나 신축해 수십 배 차익을 내는 경우가 많다. 비슷한 사례로 불광동이나 상암동에 건물을 보유하고 있었는데, 갑자기 DMC가 생기고 GTX역이 생기면서 건물 가격이 오르기도 한다. 여기에서 포인트는 자신은 가만히 있었는데 둘러싼 환경이 변하고 그 변화하는 과정에서 입지적으로 유의미한 상권이 만들어졌다는 것이다. 서울처럼 짧은 기간 안에 엄청난 성장을 이룬 도시일수록 이런 상황이 자주 펼쳐진다. 과거에는 없던 아파트 단지가 들어서고, 지하철역이 생기면 순식간에 지가가 상승해 상업용 부동산 투자 수익률이 높아진다.

이미 상권이 만들어져 있다면 기본적으로 투자 가치가 있다고 봐야 한다. 하지만 투자자 입장에서는 그 상권이 실질적으로 투자할 만한 유의미한 상권인지는 따져봐야 한다. 투자자 자신이 트렌드의 변화 흐름을 예민하게 눈치챌 수 있어야 하며, 입지적으로 유의미한 상권을 발굴했을 때 비로소 성공한 투자라고 말할 수 있다.

남들 가니까 나도 따라가면 안 된다

이미 만들어진 상권을 쫓아다니는 사람이 있다. 경리단길, 가로수길, 서촌, 성수동, 신당동 등 유행을 타는 상권에 관심을 둔다. 그러나 짧은 시간 안에 많은 사람이 몰리고 유행을 선도한다고 해도 얼마나 유지될 수 있는지가 중요하다. 경리단길은 사람들이 모여들긴 했지만, 상권이 지속되지 못했다. 상권이 오랫동안 번성하려면 인구가 많아야 한다. 그 지역에 계속 머물러주는 사람이나 새롭게 들어오는 사람 등 다방면으로 인구 유입이 이뤄져야 한다. 주말이나 저녁에 잠깐 왔다 빠져나가는 인구가 그 지역 상권을 소비하는 인구 대부분을 차지하고 있다면 상권의 지속성을 기대하기 어렵다.

성수동은 최근 가장 많은 사람이 주목하는 상권이다. 하지만 시간이 지나면서 상권을 받쳐주는 힘이 부족해지고 있다. 상권에 힘이 있으려면 그곳에 사는 인구가 증가해야 하는데, 가능성이 낮아 보인다. 갤러리아 포레, 트리마제 등 고급 주거지가 만들어져 있지만, 거주 인구가 획기적으로 늘어나는 데 큰 도움이 되는 것 같지는 않다. 엔터테인먼트 회사나 패션 업체가 들어와 있다고는 하지만, 지역의 소비 인구가 유의미하게 변화했다고 보기도 힘들다. 인구가 받쳐주지 않는 상권은 투자에 유의해야 한다.

학세권 트렌드

신촌, 아현동, 홍대입구, 건대입구 등 대학교 앞 학세권에 관심을 두는 투자자도 많다. 대학교 앞은 기본적인 상권 형성 지역으로 꼽힌다. 하지만 요즘 대학가는 과거와 아주 다르다. 젊은 세대는 온라인에서 노는 것을 선호한다. 새로운 트렌드와 소비처 정보를 온라인으로 발 빠르게 공유하고, 마음에 드는 곳이 있으면 그곳이 어디에 있는 상관하지 않고 찾아다닌다. 이런 특성이 강해질수록 전통적인 대학가 앞 상권은 기존과 다른 변화를 요구받는다. 젊은 세대에게 어필할 수 있는 업종으로 새롭게 재편할 필요가 있으며, 이 과정에서 시간이 오래 걸릴 수도 있다. 하지만 기본적인 인구 수요가 받쳐주기 때문에 몇 가지 유의사항을 확인하면 꽤 매력적인 투자처가 될 수 있다.

학세권 중에서도 홍대입구나 건대입구는 여전히 투자할 만한 긍정적인 요소가 남아 있다. 젊은 세대에 어필할 수 있는 상권 변화 과정이 시작되고 있으며, 이 시기가 지나면 새로운 유행 상권으로 거듭날 가능성도 있다. 확장성도 기대할 만하다. 상권이 인근 주변으로 퍼져나갈 수 있는 매력적인 입지다. 건대입구는 자양동 등 주변에 새로운 아파트 단지가 들어서면서 인구 유입이 기대된다. 역세권이라는 교통의 이점을 바탕으로 인구 증가와 트렌디한 상점의 입점이 계속되면서 투자 매력도가 높아지고 있다.

전통 상권의 힘, 부활하는 압구정 상권

힙(Hip)하다는 유명세를 떨치는 지역, 팝업 스토어가 많이 생기는 지역은 주의해서 살펴봐야 한다. 갑자기 사람들이 많이 몰려들면서 유행의 성지처럼 떠받든다고 해도 그 상권이 앞으로도 계속 유지될지는 알 수 없기 때문이다. 팝업 스토어가 많이 생긴다면 이것 또한 약점으로 작용할 수 있다. 상권 형성 측면에서 지속성이 떨어지기 때문이다.

최근 유의미하게 살펴봐야 할 곳이 압구정 상권이다. 압구정은 과거 쇠퇴한 상권으로 취급받던 곳이다. 하지만 건물주와 임차인들이 서로 머리를 맞대고 상권 부활을 위해 애썼으며, 지금은 화려한 부활을 예고하고 있다.

소비층이 변하면 상권도 변한다

압구정동은 한때 처참할 정도로 상권이 쇠락했다. 하지만 돌이켜 생각해보니 상권의 다운사이징과 변화의 과정이었다. 과거 압구정 로데오 상권은 명품족과 오렌지족이 주로 활약하던 곳이다. 해외 명품 브랜드, 값비싼 시계와 주얼리 숍 등이 많았고 실제로 이런 값비싼 고급 명품을 소비할 수 있는 사람들이 모여들어 소비 수준이 상당히 높았다. 하지만 압구정동 일대의 아파트가 노후화되면서 부자들이 떠나갔고, 그 자리에 임차인이 들어오기 시작했다. 지역민의 소비 수준이 바뀌면서 상권 역시 변화할 수밖에 없었다. 높은 임대료를 감당하기 힘든 임차인은 빠져나갔고, 새로운 임차인이 들어왔다. 이 과정에서 객단가가 비교적 높지 않은 음식점과 술집, 젊은 층에 어필할 수 있는 트렌디한 브랜드 숍들로 상권이 재편되었다. 과거 압구정 상권이 갖고 있던 고급스러운 분위기 역시 일부 살아남은 곳이 있었으므로 이들과 최신 유행 상권이 섞이면서 다시 매력적인 상권으로 거듭나고 있다. 사람들이 모여들면서 부동산 매력도 계속 상승하고 있다. 압구정 상권은 쇠퇴했던 전통 상권이 다운사이징을 통해 새로운 상권으로 부활한 대표적 사례다.

상권의 키워드는 유입 인구의 성격

압구정 상권처럼 부활하는 상권을 바라볼 때는 인구 문제를 살펴봐야 한다. 압구정 한양아파트와 현대아파트 등 오래된 구축 아파트 단지가 현재 압구정 상권을 뒤에서 병풍처럼 받쳐주고 있다. 최근 이곳은 재건축 이슈로 떠들썩하다. 오랫동안 지지부진한 아파트 재건축 이슈가 본궤도에 접어들면서 명실공히 대한민국 최고가 아파트가 탄생할 것이라는 기대를 모으고 있다. 서울 최고 명품 주거단지로 거듭나는 것은 물론 세대가 수가 증가하면서 인구도 늘어날 수 있다. 지금은 상권이 다운사이징되어 임대료가 낮아졌지만, 소비 인구의 성격이 변하고 그 숫자가 늘어나면 임대료가 다시 상승할 수 있다. 임대료가 떨어져야 할 때는 건물주 저항이 만만치 않아 시간이 오래 걸리지만 반대의 경우는 훨씬 빠르다. 상권이 부활하고, 심지어 고급 소비 상권으로 변하면 임대료는 그에 맞춰 재빠르게 오를 수 있다. 향후 압구정동 아파트의 재건축까지 염두에 둔다면 압구정 상권은 최고급 소비재 상권으로 재편될 수 있다. 지금부터라도 압구정 로데오 상권과 그 주변 건물의 투자를 눈여겨보기 바란다.

흔들리지 않는 오피스 상권과 서비스 상권

오피스 상권의 인기는 꺼지지 않는다. 회사가 계속 늘어나기 때문에 확고한 수요가 확보된 안정적인 상권이라고 볼 수 있다. 유행에 민감하지 않기 때문에 상권의 변화 가능성도 적다. 고정적인 임대 수익률을 기대할 수 있어 안정적인 상업용 건물 투자를 원하는 이들에게 가장 매력적인 투자처가 될 수 있다.

강남에서는 테헤란로를 중심으로 역삼역, 선릉역 등이 대표적인 오피스 상권이다. 이곳에 중심 업무시설 등 복합시설이 많이 들어와 있다. 선릉역은 2호선과 수인분당선이 있는 더블 역세권이다. 일반 오피스를 비롯해 공유 오피스가 많고, 컨벤션 등 각종 행사와 세미나, 컨설팅 관련 업무가 번성하고 있다. 이 지역에 거점을 두고 활동하는 인구 구성과 연령대는 꽤 다양한 편으로, 20~30대의 젊은 층을 비롯해 50~60대 이상의 사무실 근로자도 많다. 일반 오피스 상권은 주말에 한적한 편인데, 선릉역은 주말에도 유동인구가 많다. 일주일 내내 상권이 돌아가므로 임차인은 비싼 권리금을 주더라도 입점하려 애쓴다.

반면 역삼역과 삼성역은 선릉역에 비하면 유동인구가 많지 않다. 하지만 앞으로 삼성역에 GTX가 개통하고 현대자동차그룹 글로벌비즈니스센터(GBC)가 들어오면 긍정적인 상권 변화를 기대해볼 만하다. 강북 지역에서는 종로3가역, 을지로입구역 등을 안정적인 오피스 상권으로 꼽을 수 있다.

4차 산업에 대한 기대

경제 발전을 이끄는 산업 트렌드도 시간이 지나면서 변하기 마련이다. 한국은 1970~1980년대 제조업이 각광받으면서 건설업 등 굴뚝 산업이 강세였다. 2000년대 이후에는 유통, 서비스, 금융 등 3차 산업이 발달했다. 최근에는 IT, 정보통신 등 플랫폼 사업, 인공지능 등 4차 산업으로 넘어가고 있다. 산업이 바뀌면 오피스 수요 성격도 변한다. 상업용 부동산 투자는 넓게 보면 국내 산업 현장의 흐름을 짚어내는 것과 비슷한 맥락이다. 잠재적인 미래 오피스 수요를 예측할 수 있기 때문이다. 미래 대한민국을 이끌 4차 산업의 중심지가 최적의 오피스 투자 지역이 될 수 있다.

그런 의미에서 테헤란로를 주목해볼 만하다. 테헤란로에는 IT 회사가 많다. IT 인재 영입에 유리하며 다른 회사와 시너지효과도 기대할 수 있다. 무엇보다 강남이라는 매력적인 입지를 등에 업을 수 있다. 4차 산업 전성기가 도래하면 지금의 테헤란로 가치를 뛰어넘는 높은 투자 매력도를 지닐 것이다.

판교, 용인 등 IT 밸리의 미래 가치는?

부동산에 투자할 때, '대체할 다른 지역이 있는가?'를 살펴보는 일은 매우 중요하다. 투자 가치가 높은 곳일수록 대체할 지역이 별로 없다. 대표적인 곳이 강남과 여의도다. 산업 규모가 커지고 인구가 계속 유입되는데 강남 땅과 여의도 땅은 한정되어 있어 건물 가격이 치솟는다. 투자 수익률이 높은 이유다. 이런 곳이야말로 상업용 건물 투자하기에 적격이다.

4차 산업이 융성하면서 판교, 용인 등 IT 밸리의 인기가 높아지고 있다. 하지만 상업용 건물 투자 관점에서 그리 매력적인 곳은 아니다. 판교나 용인은 대체할 땅이 주변에 너무 많다. 판교는 동판교, 서판교 등으로 확장되고 있으며, 제2판교테크노밸리 조성도 계속되고 있다. 대체할 땅이 많으면 부가가치 상승을 기대하기 어렵다.

금융 산업 메카, 여의도

미국이나 영국 등 선진국의 주요 산업은 금융업이다. 향후 국내 산업 구조 역시 금융업 중심으로 재편될 가능성이 높다. 삼성전자의 미래 가치보다 미래에셋의 가치가 더 높아질 수도 있다. 금융회사는 막강한 자본력을 보유하고 있다. 투자할 상품이 몇천억 원이라고 해도 필요하다고 판단하면 얼마든지 지불할 수 있는 자금력을 갖췄다. 몇천억 원을 투자해 몇조 원을 벌 수 있다고 기꺼이 투자하는 것이 사업가들의 논리다.

국내 5대 시중 은행 본점을 제외한 증권사, 자산운용사, 투자회사 등 금융회사는 대부분 여의도에 몰려 있다. 금융회사는 업종 간 시너지가 중요하기 때문에 함께 모일수록 유리하다. 반면 여의도 땅은 한정되어 있다. 공급은 정해져 있는데 수요가 늘어나니 가격이 오를 수밖에 없다. 여의도로 들어오려는 인구도 계속 늘고 있다. 향후 여의도 땅의 미래 가치를 평당 6억 원 이상으로 보는 사람도 있다. 희소성이 높을수록 가치가 뛰어오를 수 있다.

강남역 황금 상권

대한민국 상권의 최고봉은 강남역이다. 편리한 교통망, 1년 365일 끊임없이 몰려드는 인구 등 강남역이 가진 입지적 탁월성은 그 어느 곳과 견줘도 손색없다. 강남역 유동인구는 서울 평균 유동인구의 3~4배를 뛰어넘는다. 건물가격도 대한민국에서 최고가를 형성하고 있다.

최근 이지스 자산운용이 강남역 뉴욕제과 건물을 신축해 평당 10억 원에 매각했다. 원래 이곳은 평당 7억 원이었던 곳으로 총 1조 원 가까운 돈을 투자해 매입한 곳이었다. 당시 너무 비싸게 샀다는 혹평을 받았다. 하지만 보란 듯이 평당 10억 원에 손바뀜했다. 이는 유동인구, 미래 가치, 희소성, 성장 가능성 등 모든 면에서 강남역이 탁월한 입지라는 것을 보여주는 사례다.

최근 애플이 강남역에 팝업 스토어를 오픈하면서 화제를 모으기도 했다. 미국 맨해튼의 타임스퀘어 전광판에 광고를 내보내려면 15초에 3만 달러 이상을 내야 한다. 대한민국에서 그와 비슷한 입지가 강남역이다. 강남역은 명실공히 대한민국 서비스업의 마케팅 메카다. 향후 대한민국 서비스 업종의 미래 가치를 이끌어갈 중심지역으로 이곳의 미래 가치는 쉽게 가늠하기 힘들다. 이곳에 투자한다는 것은 풍부한 미래 가치에 투자하는 것과 같은 의미다.

나진상가 개발이 관건이 된 용산

강남역의 뒤를 이을 강북의 대표적인 서비스 상권으로 용산을 꼽을 수 있다. 용산 정비창 지역을 중심으로 나진상가 개발 등이 함께 진행되면 시너지 효과를 일으킬 수 있다. 이미 용산은 다양한 개발 사업이 진행되면서 땅값 상승의 이점을 크게 누린 곳이다. 앞으로 나진상가 등 전자상가 개발 확장이 구체화되면 용산의 매력은 더욱 커질 것이다. 또한 용산은 여의도와 지리적으로 무척 가깝다. 두 지역의 연결성이 좋으므로 시너지 효과가 기대된다. 여의도, 용산이 금융과 서비스 산업의 중심지로 자리매김하는 동안 을지로와 명동이 보완적인 관계를 이루면서 동반 성장할 수 있다.

역세권 대단지 아파트 상권

역세권은 항상 투자 관심 지역에 둬야 한다. 개발 가능성이 풍부하고 확장성도 보장되기 때문이다. 상업용 건물 투자자에게 강동구와 영등포구, 은평구를 눈여겨보라고 말하는 이유가 바로 이것이다. 상권을 둘러싼 배후 지역에 대단지 아파트가 많고, 유동인구도 풍부하며 역세권이다. 이런 곳은 기본적인 상권이 유지되므로 안정적인 투자처라고 볼 수 있다.

송파구 삼전동은 개발 이익도 함께 기대할 수 있는 지역이다. 송파나루역, 석촌고분역 등 역세권 배후로 대규모 빌라촌이 자리하고 있는데, 향후 빌라가 재개발되면 상권의 확장과 업그레이드가 예상된다. 삼전동은 삼성서울병원과 서울아산병원의 중간 지점에 위치하고 있어 유리하다. 대형 병원의 인근 지역에는 중소규모의 병원이 들어올 가능성이 높다. 이곳에 건물을 신축할 수 있다면 임대 구성할 때 병의원 업종을 유치해 임대 수익률을 높일 수 있다.

항아리 상권

역세권 재개발이나 택지 개발로 대단지 아파트가 들어서면 자연스럽게 항아리 상권이 만들어진다. 항아리 상권에는 지역 주민들이 주로 이용하는 편의점이나 세탁소, 학원이나 맥줏집 등이 입점한다. 지하철역을 끼고 있으면 유동인구가 많아지기 때문에 기본 상권은 유지된다. 문제는 확장성이 없다는 것이다. 이는 건물 투자자에게 상당히 뼈아픈 지점이다. 확장성은 건물에 투자할 때 중요한 개념이다. 인구 유입이 계속해서 증가하면 임차인이 앞다퉈 들어오려 하고, 임대료가 높아지며 건물 가치가 덩달아 상승한다. 하지만 항아리 상권에서는 이런 가능성을 기대하기 힘들다. 정해진 규모 안에서 인구가 움직이기 때문에 안정적인 임대료 수입은 가능하지만, 건물 가격 상승이나 가치 상승을 기대하기 힘들다.

한편으론 장점도 있다. 땅값이 평균 시장 상승률만큼 상승하며, 여간해서는 건물 가격이 내려가지 않는다. 공격적인 투자보다 안정적인 임대료가 나올 수 있는 수익형 부동산을 찾는 투자자라면 항아리 상권을 추천한다. 하지만 지가 상승이나 밸류업을 통한 높은 투자 수익률을 기대하는 투자자라면 항아리 상권은 추천하지 않는다.

기타 상업용 부동산 투자 : 오피스텔, 상가 등

소액으로 부동산에 투자하려는 사람도 많다. 몇천만 원으로 투자할 수 있는 상업용 부동산 물건이 많지 않으니 투자 가능한 대상은 좁혀진다. 이들이 투자할 수 있는 상품은 주로 구분 상가나 오피스텔이다.

오피스텔은 현금 500만 원만 있어도 청약할 수 있다. 하지만 금리가 갑자기 오르거나 공실이 발생하면 투자자는 그때부터는 패닉에 빠진다. 자신의 돈을 넣어 이자를 감당하거나 관리비를 내야 할 수도 있다. 전형적인 아마추어 투자자의 접근법인데, 생각보다 이런 투자로 손해 보고 있는 사람이 많다.

소액 투자자일수록 종잣돈 불리기에 집중해야 한다. 이른바 파이를 키우는 것이다. 우선 투자 가능성이 높은 물건을 찾아 단기 투자로 매매를 반복하면서 투자 금액의 규모를 늘리는 것에 집중하길 바란다.

오피스텔은 땅에 투자한다

그럼에도 불구하고 투자자가 가진 돈이 많지 않아 오피스텔을 꼭 사야겠다고 주장하면 '땅에 투자하라'고 조언할 수 있다. 오피스텔은 대부분 땅값이 비싼 상업지에 지어질 확률이 높다. 건물 자체는 시간이 지날수록 가격이 떨어지거나 현상 유지하겠지만 땅값은 상승할 가능성이 높다.

여의도, 강남대로, 테헤란로에 있는 오피스텔은 향후 재개발되었을 때 용적률 상승도 기대해볼 수 있다. 서울 요지의 중요한 입지에 들어선 오피스텔이 노후화되어 방치되느니, 용적률을 높여주어 재개발을 유도하는 것이 정책적으로도 유리하기 때문이다. 현재 용적률 600%인 구축 오피스텔이 용적률 1200%의 오피스텔로 재개발되면 수익률이 높아질 수 있다. 현재 여의도나 테헤란로의 오피스텔은 평당 1억 원 대의 물건들이 많다. 물론 대지 지분율은 높지 않다. 보통 2~3평 정도 되는데, 재개발이 진행되면 두 배 정도의 투자 수익을 노릴 수 있다. 실제로 잠실에 대지 지분 6평을 보유한 오피스텔도 있다. 이 경우 잠실에 6평 땅을 산다는 개념으로 접근하면 투자할 만하다.

오피스텔은 월 임대료를 받는 수익형 부동산이다. 여의도나 테헤란로 요지의 오피스텔 임대료는 100만 원 남짓하며, 노후도가 심하더라도 80~90만 원 정도 받을 수 있다. 만약 오피스텔을 사서 임대료를 받아 이자를 낼 수 있다거나, 꼭 오피스텔을 사고 싶은 투자자라면 재개발을 통해 지가 상승을 기대할 수 있는 오피스텔 투자를 권한다. 오피스텔도 땅에 투자하면 리스크를 줄일 수 있다.

상가의 지분 가치에 주목하라

상가 투자 역시 오피스텔 투자와 비슷하다. 꼭 상가에 투자하고 싶다면 재건축 아파트 단지 안에 있는 구분 상가 투자에 관심을 가져볼 만하다. 재건축 아파트의 구분 상가에 투자할 때는 사업이 빠르게 진행될 수 있는지가 핵심이다. 언제 시작할지 알 수 없는 재건축 단지 상가는 투자 매력도가 낮다.

얼마 전 대치동 은마아파트 상가 소유주 단체와 재건축 추진위원조합이 합의점을 찾았다는 뉴스 보도가 있었다. 상가 소유주가 아파트 입주권을 받을 수 있도록 지분 비율을 조정했다는 이야기였다. 상가에 투자해서 재건축 아파트를 받을 수 있다면 결코 손해 보지 않는 투자다. 현재 운영되고 있는 은마아파트 상가는 입지가 좋아 권리금과 임대료가 높은 편이다. 재건축이 진행되기 전까지 안정적인 임대료 수익이 기대되며, 상가를 보유하는 동안 각종 비용을 충당할 수 있어 유리하다. 특히 좋은 것이 절세 부분이다. 상가는 주택 수에 포함되지 않는다. 다주택자가 상가로 아파트 입주권을 받으면 보유 주택 수 산정에서 제외된다. 이런 특징 때문에 상가에 관심 두는 투자자가 많다.

한 가지 잊지 말아야 할 것은 상가의 지분 가치다. 상가가 보유한 지분에 따라 아파트 입주권을 받을 수 있을지가 판가름이 나니 이 부분을 주의해서 투자해야 한다.

재건축 가능한 구분상가

최근 압구정 로데오거리 대로변 노후 구분상가 가격이 치솟고 있다. 임대료 수익을 추구하기보다 재건축 후의 개발 이익을 얻기 위한 투자다. 요즘 이곳은 구분 상가를 매입해 건물을 통째로 신축하는 공사현장이 많다.

일반적으로 상가 투자는 위험하다고 말한다. 그동안 수요보다 공급이 넘치게 많았던 것도 사실이다. 하지만 입지에 따라 상가 투자를 다르게 바라볼 필요가 있다. 압구정 로데오거리 대로변은 땅값이 계속해서 오르고 있는 지역이다. 낡고 오래되어 재건축이 대상이 되는 상가 건물 중에서도 대지 지분이 높은 상가를 찾아낼 수 있다면 상당한 투자 수익을 기대할 수 있다. 현재 이곳의 구분 상가는 평당 2~3억 원을 호가한다. 대지 지분으로 따지면 평당 1억 2,000만 원에서 1억 3,000만 원 수준이다. 낡고 오래된 상가라 임대 수익률이 높지 않음에도 매물이 나오면 무조건 매입하겠다는 투자자가 있을 정도다.

압구정 일대는 오랫동안 침체기를 지나 다시 번성기를 맞고 있다. 상가 배후에 병풍처럼 자리하고 있는 압구정 한양아파트와 현대아파트 등 대장주 아파트가 재건축되면 이곳의 상가는 지금과는 다른 수준으로 가치가 오를 수 있다. 상가에 투자하려면 압구정 로데오거리처럼 재건축이 가능한 주요 입지의 구분상가에 관심을 기울일 것을 권한다. 오피스텔 투자와 마찬가지로 상가 투자 역시 '땅을 산다'는 개념으로 접근하는 것을 잊지 않는다.

상업용 부동산의
투자 수익 극대화하기

건물을 어떻게 구성하고 관리하느냐에 따라 수익률도 천차만별이다.
상업용 부동산의 수익을 증가시키는 방법을 살펴보자.

재건축과 리모델링을 통한 가치 창출 '밸류업'

밸류업은 건물을 리모델링하거나 증축, 또는 아예 허물고 새로 짓는 것을
의미한다. 건물이 새롭게 변신하기 때문에 투자자는 밸류업을 통해 건물 가
격이나 가치가 수직으로 상승하는 것을 경험할 수 있다.

구축 건물의 희소성

사람들은 새 아파트를 선호하는 것처럼 건물도 새 건물을 좋아한다. 하지
만 수요보다 공급이 부족하다 보니 신축 건물의 임대료가 치솟고 있다. 신축
건물과 구축 건물의 임대료 차이는 우리가 상상하는 것 이상이다. 비슷한 위
치에 있는 건물임에도 신축 건물 임대료가 구축 건물과 비교하면 두 배 정도

〈건물 신축 단가표 근린생활시설 평균값 추이〉

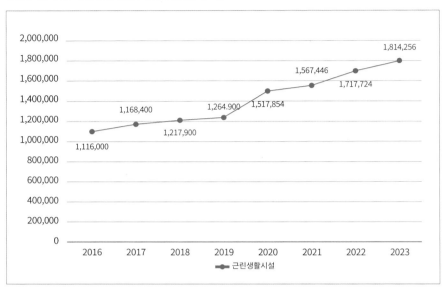

출처 : 한국부동산원, 저자 재구성

비싼 경우도 등장하고 있다.

　건물 투자자 중에는 오랫동안 건물을 보유하고 있는 이들이 많다. 그동안 땅값이 많이 올라 비싼 가격에 매도할 수 있지만, 세금이 너무 많아 쉽게 팔지 못하는 상황에 놓여 있다. 현재 가진 건물을 제아무리 비싼 가격에 팔아도 세금과 비용 등을 제외하고 나면 반토막 수준으로 줄어든다. 이럴 경우 밸류업 투자로 눈을 돌린다. 구축 건물을 밸류업해서 임대하면 높은 임대 수익을 낼 수 있기 때문이다. 심지어 노후한 건물 중에는 용적률을 다 채우지 못한 곳도 있다. 6~7층으로 지을 수 있는 땅임에도 불구하고 건축비를 줄이기 위해 2~3층만 지어서 사용해 온 건물이라면 신축이나 레노베이션으로 연면적을 증가시킬 수 있다. 그런 건물을 보유하고 있다면 밸류업으로 수익률을 키우는 쪽에 배팅해볼 만하다.

건축비는 계속 오른다

건축비가 화두다. 자재비 등을 비롯해 인건비, 금융비 등이 계속해서 오르고 있기 때문이다. 높아진 건축비용 때문에 밸류업 투자는 엄두도 내지 못하는 투자자도 있다. 하지만 공사비용는 시간이 지날수록 오를 수밖에 없다. 매년 물가가 상승하는 것에 비례해 비용이 상승하는 것은 경제 원리상 당연하다. 과거에는 평당 400~500만 원으로도 건물을 지을 수 있었다. 하지만 지금은 평당 1,000만 원의 건축비를 요구하는 곳이 많다. 이 비용은 시간이 지날수록 높아질 것이다. 밸류업이 필요하다고 판단하면 빨리할수록 유리하다. 건물을 신축할 때 들어가는 비용은 은행 대출로 충당한다. 세금이나 비용 산정, 매각까지 고려했을 때 대출로 비용 절감을 기대할 수 있다.

시장이 수익률을 결정한다

건물을 밸류업했을 때 투자한 만큼 수익률이 나오지 않을까 걱정하는 투자자가 많다. 하지만 시장은 생각보다 똑똑하다. 건물 가치는 건물주 마음대로 결정하는 것이 아니라 시장의 수요와 공급 때문에 자연스럽게 결정되기 때문이다.

평당 1억 원 하는 건물을 매입해 평당 건축비 2,000~3,000만 원을 들여 신축했다고 가정해보자. 건물주가 평당 2억 원으로 올려 받고 싶어도 시장이 움직여주지 않으면 거래가 성사되지 않는다. 시장에서는 1억 원 땅에 2,000~3,000만 원의 건축비를 들여 신축한 건물이라면 보통 1억 5,000만 원 수준 정도의 가격을 합당하다고 받아들인다. 밸류업을 했더라도 터무니없이 높여 놓은 가격은 시장에서 통하지 않는다. 합리적이라고 받아들여진 시장 가격이 1억 5,000만 원이라면 임대료 역시 그게 걸맞는 수준으로 맞춰지게 마련이다.

강남이나 을지로, 여의도 등 서울 도심의 수요가 많은 지역은 항상 공급자 우위의 시장이 형성되어 있다. 건물 노후도가 점점 더 높아지고 있고 신축 건물은 희소하기 때문이다. 시장은 건물 밸류업의 가치를 받아들일 준비가 되어 있다.

밸류업 투자가 여러모로 매력적인 것은 분명하지만 그 과정이 쉽지 않기 때문에 투자자의 상당수가 밸류업을 두고 고민한다. 하지만 지금은 밸류업을 통해 수익률을 높이는 방법을 찾아야 하는 시기다.

건물을 상품화하는 '엠디 구성'

엠디(MD : 시장 조사 결과를 바탕으로 적절한 상품을 개발하거나 상품의 가격·분량·판매 방법을 계획하는 것 또는 사람)는 상품 유통이나 마케팅에서 주로 쓰이는 용어지만 건물 투자에도 많이 등장한다. 건물의 엠디 구성은 층별로 어떤 임차인을 들일 것인지, 임차 업종 사이에 조화가 잘 이뤄지는지 등 고객 모으기에 도움이 되기 위한 임차 전략을 짜는 것을 의미한다. 엠디 구성을 잘하면 들어오려는 임차인이 늘어나므로 건물 가치 상승에 도움이 된다. 임차 업종끼리 서로 조화를 이루면 소비자 유입도 덩달아 증가하기 때문이다. 임차인이 선호하는 건물일수록 임대료를 높일 수 있으며, 임대 수익률이 높아지면 건물 가격은 저절로 상승한다.

은행, 스타벅스, 올리브영을 들이면?

건물에 유명 브랜드가 입점하면 랜드마크가 될 수 있다. 그래서 많은 건물주가 스타벅스를 입점시키려 애쓴다. 건물의 가치가 올라가는 것은 물론 다른 임차인을 들이기에도 유리하다. '1층에 스타벅스가 있다'고 하면 건물에 처음 방문하는 사람들도 쉽게 찾아올 수 있다. 사업을 하는 사람이 사무실을 구할 때 스타벅스가 있으면 좋아하는 이유다. 애플, 올리브영, 다이소와 같은 유명 프랜차이즈 브랜드뿐만 아니라 은행 등도 마찬가지다.

유명 프랜차이즈 업종은 기업에서 자체적으로 고객 수요, 상권, 입지 등을 검토한다. 자사 브랜드를 입점시켰을 때 매출이 잘 나올 수 있는 곳을 선별해야 하니, 건물주로서는 자신이 해야 할 수요 조사 분석을 프렌차이즈 업체가 대신해준 것이나 다름없다. 다른 임차인이 따라서 들어오는 유인 효과는 덤으로 얻는다.

이처럼 건물 엠디 구성은 건물의 가치를 결정하는 중요한 요인이므로, 건물주는 목적에 맞는 엠디 구성을 위해 충분한 시간과 노력을 기울여야 한다.

1층 구성이 가장 중요하다

1층에 어떤 임차인이 들어오느냐에 따라 건물 전체의 엠디 방향성이 결정된다. 업종끼리 서로 부딪치거나 피해를 주면 임차인이 자주 바뀔 수 있다. 이러면 건물을 관리하는 내내 골칫거리가 생긴다.

임차 구성할 때 서로 도움을 주는 대표적인 업종이 편의점과 노래방이다. 영업에 도움을 받기 때문에 함께 구성하면 유리하다. 편의점과 카페도 비슷하게 서로 도움을 주고받는 업종이다. 하지만 편의점과 음식점은 서로 충돌하므로 피하는 것이 좋다. 편의점이 입점해 있으면 음식점이 들어오지 않으려 하고, 반대 경우도 마찬가지다. 1층에 카페가 있으면 위층에 사무실이 들어오기 유리한 환경이 조성된다. 반대로 건물에 교회 등 종교시설이 있으면 카페가 좋아하지 않는다. 카페는 건물 엠디 구성에 유리하기 때문에 건물주는 카페 임차인을 들이고 싶어 한다. 하지만 약국이나 미용실 등이 있으면 카페 입점이 쉽지 않다. 이처럼 임차 구성을 할 때 업종별로 부딪히는 것들이 있으므로 고려한다.

식당은 고민스러운 업종이다. 냄새가 나며 영업시간이 길고, 수도와 전기 사용량이 많으며 오폐수가 많이 나온다. 이런 단점 때문에 매각 계획이 있거나 건물 자체의 가치를 높이고 싶으면 식당 임차인을 들이지 않는 것이 유리하다.

반대로 음식점이 유리한 상황도 있다. 음식점은 상업 시설 임차 업종 가운데 임대료가 가장 비싸다. 다른 목적은 필요 없고 비싼 임대료를 꼬박꼬박 받는 것이 중요한 건물주라면 음식점이든 뭐든 가리지 않고 임대료가 비싼 업종을 넣어야 한다. 1층에 음식점이 있으면 2층에 마사지 숍이 들어오는 경우가 많다. 사방이 막힌 상업 시설과 음식점은 상생 업종이다. 하지만 이런 식으로 임차 구성이 진행되면 근생건물 성격이 강해져서 나중에 매각할 때 높은 가격을 받기 힘들다는 것도 알아둬야 한다.

망한 가게는 안 된다!

장사하는 사람들이 가장 싫어하는 것이 망해서 나간 가게 자리다. 처음부터 공실이었다면 '임대료가 비싸서 그런가 보다' 하고 이해하지만, 영업하다가 비어버린 자리는 '뭔가 문제가 있는 곳', '장사가 안 되는 곳'으로 여긴다.

건물주가 자신의 건물을 훼손시키고 싶지 않다는 이유로 1층에 카페를 여는 경우가 많다. 깔끔하고 예쁜 카페가 있으면 다른 임차인을 들이기에도 좋고, 자신은 임대료를 내지 않고 장사할 수 있어 윈윈이라고 생각한다. 하지만 이렇게 해서 성공한 곳은 거의 없다.

제아무리 작은 가게라고 해도 고객을 유인해 물건을 팔아 수익을 내는 일은 쉽지 않다. 매월 임대료 내고 사업하는 사람은 목숨 걸고 일한다. 망하면 안 되기 때문에 필사적으로 매달리는 것이다. 고객 서비스 응대부터 품질 관리, 종업원 관리 등 뭐 하나 소홀할 수 없다.

건물주나 가족이 자기 건물에서 카페를 운영하면 성공 확률이 낮다. 치열하게 매달릴 이유가 없으며 장사를 잘하고 싶다는 동기 부여도 약하다. 임대료를 내지 않아도 되기 때문에 주인이 부지런할 필요도 없다. 커피나 음식 맛이 별로라든지, 품질 대비 가격이 높다든지, 주인은 없고 종업원만 있는 경우도 많다. 처음 한두 번 호기심에서 방문한 고객은 머지않아 발길을 끊을 것이다. 가격 대비 품질 좋고 서비스 확실한 곳이 주변에 넘쳐나기 때문이다.

건물주나 가족이 운영하는 카페는 그럭저럭 버티다 결국 가게를 접는다. 자기 건물에 망한 가게가 등장한 것이다. 망한 가게는 임차인이 들어가려 하지 않는다. 자기 건물에 카페를 여는 것은 건물주가 가장 피해야 할 일 중의 하나다.

임차인 관리도 비즈니스 마인드로

건물주가 되었을 때 가장 먼저 느끼는 어려움은 임차인 관리다. 임차인과 건물주의 라이프 사이클은 반대로 움직인다. 영업하는 동안에는 늘 바쁘며 장사에 여념이 없어 대부분 늦은 밤이나 새벽에 연락한다. 주말에도 영업을 해야 하니 공휴일이 쉬는 날이라는 개념이 없다. 하지만 건물주는 쉬거나 휴식을 취하는 시간이다. 임차인이 문자라도 보내면 다행이지만 다짜고짜 전화부터 하는 경우도 많다. 늦게까지 가게를 운영하는 임차인이라면 새벽에 연락할 가능성이 많다. 학원이라면 아이들 수업 다 끝난 자정이 지나서 연락한다. 24시간 영업하는 곳이면 24시간 아무 때고 연락한다. 건물주는 1년 365일 24시간 상시 대기 중이라는 압박감에 빠진다.

임차인이 전화를 한다는 것은 건물 어딘가에 문제가 생겼다는 클레임일 확률이 높다. 당장 영업을 해야 하니 임차인은 마음이 급하다. 자신이 영업하지 못하게 되는 상황이 가장 중요하며, 건물주의 입장을 배려하거나 이해심을 가지기 어렵다. 사정이 이렇다 보니 건물주는 임차인과 대화하는 것에 스트레스를 받는다.

건물에 생긴 문제를 해결하려면 수리 관련 전문가를 부를 수밖에 없다. 이 또한 사람과 관계된 일이라 건물주는 항상 사람에 시달린다고 느낀다. 이렇게 고생을 하느니 차라리 돈을 조금 더 써서 건물 관리인을 고용하는 것이 좋겠다고 생각한다. 귀찮은 부분이 줄어들 수는 있으나 아예 고민이 사라지는 것은 아니다. 건물 관리인은 임차인 관리를 비롯해 주로 주차 관리, 청소 관리, 출입자 관리 등 다양한 일을 하지만 건물주 입장에서는 이것 또한 사람 관리이기 때문이다.

임대료 관리, 하자 보수 관리

건물을 관리하다 보면 장사가 안되거나 개인적인 이유로 폐업해서 나가는 임차인이 생긴다. 이럴 때 임대료를 내지 않고 보증금을 다 까먹을 때까지 버티는 임차인도 있다. 건물주는 은행 이자를 비롯해 건물 관리 비용 등 나가야 할 돈이 많기 때문에 약속된 날짜에 임대료가 들어오지 않으면 스트레스를 받는다. 임대료 등 돈과 관련된 문제는 건물주는 괴롭히는 가장 큰 문제 중 하나다.

건물 자체에 생기는 하자도 있다. 오래된 건물은 누수 문제가 많이 발생한다. 때우기 등 임시방편으로 처리했다가 1년 내내 누수 문제로 골머리를 썩이는 경우도 많다. 누수는 약한 틈을 찾아 계속 진행되는 속성이 있으므로, 어딘가로 물의 흐름을 돌려주어야 한다. 누수뿐 아니라 화장실이 막히거나 배수가 안 될 때도 많다. 식당이 있으면 기름기가 많은 오폐수가 많이 발생하므로 하수구가 자주 막힌다. 건물 공용부와 임차 공간에서 발생하는 각종 하자 문제는 건물주가 해결할 수밖에 없다. 일 잘하는 전문가를 찾아 재빨리 대응할 수 있는 시스템을 구축해놓을 필요가 있다.

법적 관리

건물은 물리적 관리뿐 아니라 법적 관리도 필수다. 건물에 엘리베이터가 있으면 정기적으로 엘리베이터 점검을 받아야 한다. 소방 점검, 전기 안전 점검도 필수다. 건물주는 정기적으로 소방안전관리자 교육도 받는다.

건물 주차장 진입로가 인도와 면해 있으면 도로 점용료를 내야 한다. 건물이 위치한 입지에 따라 교통유발분담금이 부과될 수도 있다. 각종 세금은 마감 날짜를 잊지 않고 꼬박꼬박 내야 한다. 이런 일들이 정해진 시간 안에 제대로 이뤄지지 않으면 건물주에게는 과태료 등 다양한 제재 장치가 가해진다.

사업가 마인드

처음 건물주가 되면 경험해보지 못한 세계에 발을 들여놓으면서 패닉에 빠지는 경우가 많다. 반면 처음 한두 번은 힘들어하다가 이내 적응이 되어 건물 관리를 수월하게 해내는 건물주도 있다. 이들은 뭐든 처음이 어렵지 하나씩 배우고 익히면 익숙해지기 마련이라고 긍정적으로 생각한다.

건물 관리에 어느 정도 적응이 되면 다음 단계가 기다리고 있다. 마지못해 관리하는 것이 아니라, 임차인이 필요한 것을 먼저 찾아서 해결해주고 임대료 수익을 높이는 부가가치 업그레이드 단계다. 이때 필요한 것이 사업가 마인드다.

"돈을 내면 ○○를 개선해주겠다"고 제안했을 때 이를 받아들이는 임차인은 많지 않다. 하지만 건물주가 먼저 투자해 새로운 서비스나 장치를 만들어 임차인에게 편의를 제공한 후, 임대료 인상이나 부가 서비스 금액을 청구하면 큰 불만 없이 지내는 경우가 많다. 다른 사업과 마찬가지로, 건물 관리 역시 투자를 먼저 진행해야 수익을 발생시킬 수 있는 구조라는 것을 기억해야 한다.

나이가 많은 건물주 가운데 '임차인이 필요하다고 요구하면 모를까, 내가 먼저 해줄 필요는 없다'고 생각하는 이들이 많다. 돈 드는 투자는 일단 거절하고 보는데, 당장 눈앞의 작은 이익에 집착하지 말고, 멀리 내다볼 필요가 있다. 건물 가치를 높이기 위해 일정 금액을 투자하면 수익 증가로 이어질 수 있다는 점을 기억하자.

건물 관리 이렇게 하면 수익이 두 배!

강남의 조용한 주택가 골목에 300평 규모의 건물이 있다. 관리비는 인근 건물의 두 배 이상 비싸지만 입주하려는 업체가 항상 대기 중이다.
이 건물의 인기 비결은 한두 가지가 아니다. 우선 건물 인테리어 수준이 호텔 못지않다. 구축 건물을 사서 리모델링 했는데 값비싼 자재와 수준 높은 마감으로 건물 입구에 들어서는 순간 고급 갤러리 같은 이미지를 심어 준다. 각 층에 있는 화장실은 호텔 화장실을 능가한다. 관리 수준이 최고 단계다. 건물 내외부에는 나무를 심어 자연과 함께 쉴 수 있는 공간도 마련해두었다. 건물 지하에는 임차사 직원을 위한 운동실, 회의실, 휴게실 등이 마련되어 누구든 편리하게 사용할 수 있다. 임차사들끼리 서로 만나 커뮤니케이션하고 업무에 도움을 주고받을 수 있는 프로그램도 운영하고 있다. 주차는 발렛파킹 시스템이다. 주차 관리요원을 여러 명 고용해 임차사 직원들이 편리하게 차를 주차하거나 대기할 수 있도록 돕는다. 비가 오면 건물 입구에 자체적으로 우산을 준비해 누구나 사용할 수 있다. 임차사는 임대료가 높아도 직원들의 만족도가 높고 업무에 긍정적인 영향을 미치므로 기꺼이 비싼 임대료를 지불한다. 임대료는 회사 경비로 지출되는 항목이라 부담도 크지 않다.

건물을 처음 레노베이션할 때 초기 투자 비용이 많이 들었지만 임대료가 높아 일찌감치 수익 구조로 돌아섰고, 시간이 지날수록 건물 수익률이 가파르게 상승하고 있다. 건물의 가치도 덩달아 높아져서 현재 임대료 수익과 자본 수익 둘 다 최고 수준을 찍고 있다. 건물 관리 방식의 차별화를 통해 건물 가치를 높인 보기 드문 사례라고 볼 수 있다.

상업용 부동산 투자의
최종 목적지, 절세

건물 투자의 끝은 궁극적으로 세금과 연결된다.
건물 투자자라면 반드시 알아야 절세 방법,
그리고 증여, 상속에 관한 노하우를 살펴보자.

건물 대물림하면 반토막 난다?

상업용 건물에 투자하다 보면 수익금 대부분이 절세에서 나온다는 것을 깨닫게 된다. 그래서 상업용 건물에 투자할 때 제일 먼저 해야 할 일은 세금 공부다. 하지만 이 일이 생각보다 만만치 않다. 절세는 상속과 증여와도 밀접하게 연관되어 있다. 결국 상업용 부동산 투자의 핵심은 절세이며 훗날 증여와 상속을 고려한다면 관련 부분을 반드시 파악하고 넘어가야 한다.

상업용 건물 투자자 중에는 유독 나이 든 분들이 많다. 1920~1930년대 출생자도 어렵지 않게 만날 수 있으며, 부동산 보유 기간만 30~40년이 넘는 경우도 많다. 이 세대는 땅에 대한 집착이 강하다. 농경 시대를 살았기 때문에 논밭을 보유해야 부자라는 개념이 있으며, 선대로부터 알게 모르게 땅의 중요성에 대해 교육받으며 자랐다. 이들은 땅은 한 번 사면 파는 것이 아니라고 믿고 있으며, 사고파는 일을 금기시한다. 한편으로는 장점도 있다. 오랜 시간 부동산을 보유하는 과정에서 막대한 시세 차익이 발생하기도 한다. 투자 수익을 얻기 위해 특별히 노력하지 않았음에도 주변이 개발되면서 땅값이 폭등했기 때문이다. 이런 사례는 연배 지긋한 부동산 투자자에게서 심심치 않게 발견된다.

한 번도 부동산을 팔아본 적이 없으니 부동산 투자에 대한 개념도 별로 없다. 답답한 것은 자녀 세대다. 언젠가는 돌아가실 텐데 부모님이 보유한 부동산을 상속받으면 세금으로 막대한 금액을 토해내야 한다. 하지만 부모님은 땅을 파는 것을 죄악시하며, 살아생전 증여할 생각이나 계획이 없다. '나 죽고 나면 자식들이 알아서 나눠 갖겠지'라고 생각하는 부모님도 많다. 자식에게 미리 재산을 물려주면 부모에 대한 부양 의무를 저버리거나 재산을 탕진할 것을 걱정하는 것이다. 부모님 세대의 이런 인식 때문에 돌아가신 후 자식 세대가 세금을 내지 못해 헐값에 건물이나 토지 등 부동산 자산을 넘기는 경우가 자주 발생하고 있다.

〈OECD 우리나라 순위 상속·증여세 부담 비중〉 (단위 : %)

구분	한국	벨기에	일본	미국	독일	OECD 평균
2019	1.59	1.45	1.31	0.40	0.52	0.35
2020	1.93	1.53	1.31	0.46	0.62	0.38
2021	2.42	1.72	–	0.47	0.69	0.42

출처 : 국회예산정책처

100억 원 건물을 상속받으면 세금이 50억 원

우리나라는 상속세율이 높기로 유명하다. 과표 금액 30억 원이 넘으면 세율 50%가 적용되어 상속금액의 반을 세금으로 낼 수 있다. 이는 OECD 회원국 가운데 일본(55%)에 이어 두 번째로 높은 편이다. 대주주의 경우 상속평가액에 20%의 가산세가 붙으므로 최고 60%의 상속세율이 적용된다. 실질적으로 OECD 회원국 중 1위인 셈이다.

부동산 자산 가치가 급등하면서 과거라면 내지 않았을 상속세를 현재 시점에는 높은 비율로 부담하고 있다는 것도 문제다. 더 큰 문제는 우리나라 상속세가 '악' 소리가 날 만큼 높은 세율임에도 부모님 세대가 이를 인식하지 못한다는 것이다.

시세 100억 원 상당의 건물을 상속받으면 최대 50억 원이 세금이다. 배우자 공제와 일괄 공제 등 각종 절세 방법을 동원해 아무리 세금을 줄인다고 해도 최소 20~30억 원은 상속세로 내야 한다. 물론 세금이 많아도 부모가 물려주지 않은 것보다는 물려주는 것이 낫다. 하지만 상속인으로서는 힘들게 모은 부모님 재산을 자식 세대가 물려받는다는 이유로 국가가 반을 가져간다는 것에 쉽게 동의하기 힘들다. 대부분은 '나라에 뺏긴다' 또는 '손해 봤다'고 생각한다.

부의 대물림

부모님 여명이 얼마 남지 않았다는 사실을 알게 된 자녀가 상속을 걱정하며 상담을 요청해온 사례가 있었다. 부모님은 시세 약 300억 원 규모의 건물을 보유하고 있었다. 돌아가신 후 상속을 받는다면 예상되는 세금만 100억 원에 가까웠다. 자녀는 내야 할 세금 100억 원 때문에 고통받고 있었다. 100억 원을 현금으로 마련할 능력이 없으니 어떤 방식으로든 부동산 자산을 처분해야 한다. 건물을 운영한 적도, 팔아본 적도 없으니 막막할 수밖에 없다.

앞의 사례는 강남을 비롯해 서울에 사는 고액 자산가의 자녀들이 한 번쯤 맞닥뜨리는 문제다. '내가 재벌도 아니고 고작 건물 한 채인데…'라는 생각으로 증여와 상속 등을 준비하다 실제로 내야 하는 세금을 미리 계산해보고 깜짝 놀라는 자산가도 많다.

부가 대물림되는 과정에서 세금은 반드시 맞닥뜨려야 할 문제이자 해결해야 할 큰 숙제다. 편법이나 탈법을 통해 세금을 줄이려는 사람도 있는데, 이런 방식은 지금 시대에 통하지도 않고 먹히지도 않는다. 세금과 관련된 문제에서는 반드시 '절세'라는 개념을 숙지해야 한다. 법을 이용해 세금을 합법적으로 줄이는 방식을 찾아야 한다. 그래야 뒤탈 없이 안전하게 부를 대물림할 수 있다.

〈과세표준에 따른 상증세 산출세액 계산〉

과세표준	산출세액	과세표준	산출세액
1억 원	1,000만 원	15억 원	4억 4,000만 원
2억 원	3,000만 원	20억 원	6억 4,000만 원
3억 원	5,000만 원	25억 원	8억 4,000만 원
5억 원	9,000만 원	30억 원	10억 4,000만 원
10억 원	2억 4,000만 원	100억 원	45억 4,000만 원

출처 : 국세청

국세청은 다 알고 있다

상속세는 신고만 하면 완료되는 세금이 아니라, 정부에서 신고 세액을 검토한 후 세액을 결정하는 결정 세액이다. 이 부분을 모르고 신고를 허투루한 나머지 낭패를 보는 경우가 많다. 의도하든 의도하지 않든 누락시키거나 빼먹은 상속 재산이 있으면 문제가 커진다. 국세청은 세무조사를 진행해 신고나 누락된 부분을 포함해 과세한다. 이때 높은 가산세율이 붙어 거액의 세금을 토해낼 수 있다.

자녀 입장이면 부모님 사망 후 국세청이 쌍심지를 켜고 재산 이동 내역을 들여다보고 있다고 가정하는 것이 좋다. 부모님 생전에는 개인정보보호법 등으로 인해 부모님 재산 내역을 함부로 들여다볼 수 없지만, 상속이 개시되면 국세청이 부모님의 모든 계좌와 금융 내역, 자산 이동 사항을 조사할 수 있다. 알려진 바에 따르면 배우자 없이 사망한 피상속인의 경우 상속 재산이 5억 원 이상이면 세무조사를 받을 확률이 높다. 피상속인의 10년간 금융 활동 내용을 꼼꼼히 들여다보기 때문에 빠져나가기 쉽지 않다. 요즘은 개인의 금융 거래 기록 대부분이 전산화되어 있어 국세청에서 키보드 몇 번만 치면 거의 모든 자산 정보를 확인할 수 있다.

뜸을 들인다

상속이 개시되면 국세청은 재산의 이동 현황이나 현금 흐름을 예의 주시한다. 현금이나 자산은 사라지는 것이 아니라 어디론가 흘러 들어갈 뿐이다.

자산이 없어지는 것이 아니기 때문에 국세청 입장에서는 느긋하다. 하지만 자산이 이전되는 과정은 낱낱이 지켜보고 있다. 상속세는 관할 세무서에서 조사하는 것이 일반적이지만 상속 재산 가액이 50억 원 이상이면 지방국세청 조사국에서 담당하는 것으로 알려져 있다.

이런 상황을 인지하지 못한 채 상속인이 세금을 누락시키거나 자금을 이동시키는 예도 있다. 처음에는 세무조사가 시작될까 무서워 조심스럽게 작은 규모의 자산을 이동시켜본다. 국세청에서 별 반응이 없으면 상속인은 다시 자산을 이동시킨다. 금액은 전보다 더 커진다. 바늘 도둑이 소도둑 되는 데는 시간이 얼마 걸리지 않는다. 그렇게 2~3년에 걸쳐 상속 재산 이동을 마무리했다고 안심하고 있을 때 느닷없이 국세청 세무조사가 시작된다. 최악의 경우 상속받은 재산의 대부분을 세금으로 납부할 수 있다. 상속금액이 100억 원이고 정상적으로 내야 할 세금이 50억 원이었다면, 그 50억 원에 과태료 등 가산세가 붙어 70~80억 원이 부과되는 경우도 있다. 국세청이 이런 상황을 노리고 있을 수 있으니 미리미리 대비한다.

전문직은 요주의 대상

서울에 아파트 한 채만 있어도 상속세를 낼 확률이 높아졌다. 일반인이 이럴 지경이니 전문직은 아예 세금과 전쟁을 벌이는 형국이다. 특히 의사, 변호사, 회계사, 세무사 등 우리가 흔히 알고 있는 전문직일 경우 연소득 5억 원 이상이면 국세청 요주의 대상이라고 생각하는 것이 속이 편하다. 사업을 하거나 일반 기업을 운영하는 사람은 국세청의 압박이 덜한 편이다. 이미 회사에서 세금을 납부했기 때문이다. 이미 세금을 낸 돈을 일반적으로 화이트 머니라고 부른다. 국세청은 화이트 머니에 대해서는 관대한 편이다. 하지만 의사나 변호사 등 소득이 높은 전문직일수록 세금 신고한 금액과 실제 벌어들인 소득에서 차이가 크게 날 수 있다. 현금이 오갈 수 있으며, 세금을 내지 않고 은닉할 가능성이 크다. 처음부터 세금을 내지 않는 돈을 블랙 머니라고 하는데, 국세청은 전문직의 블랙 머니를 찾기 위해 혈안이 되어 있다.

돈을 낼 때 현금으로만 지불하며, 현금영수증은 절대 끊지 않는 사람도 많다. 현금 소득이 발생하는 직종일수록 이런 경향이 강한데, 자신이 벌어들인 소득과 부를 지키기 위해 돈의 사용처와 흔적을 남기지 않는 것이다. 정부는 세금을 부과하기 위해, 납세자는 자산을 지키기 위해 서로 보이지 않은 공격과 방어에 여념 없다.

시간이 오래 걸린다

부를 대물림하는 데는 시간이 오래 걸린다. 자산의 규모가 크고 종류가 다양할수록, 긴 시간 동안 차근차근 계획해서 부를 이전시키거나 승계해야 한다. 1~2년으로 끝날 수 있는 단순한 내용이 아니라는 것을 기억한다. 불법이나 탈법적인 방법으로 세금을 회피하려는 생각은 처음부터 하지 않는 게 좋다. 세금을 줄이는 것, 절세에 포인트를 두고 접근하는 것이 안전하다. 세금을 줄인 만큼 더 벌 수 있다는 개념으로 접근한다. 단기간에 부를 이전하면 반드시 부작용이 생긴다. 이를 알기 때문에 부자들은 최소 10년, 많게는 그보다 훨씬 더 오랜 시간 부의 대물림을 준비하고 대비한다.

한꺼번에 다 하려고 하면 안 된다

증여에서 가장 문제가 되는 것이 한꺼번에 일을 처리하려는 태도다. 금이나 주식, 부동산 등 자산이 다양하게 쪼개져 있다면 방법과 기간을 달리해가며 증여 방법을 찾는다. 자산을 조금씩 쪼개서 증여하는 방법, 증여받는 후손의 범위를 넓히는 방법 등 다양한 방법을 쓸 수 있다. 자녀뿐 아니라 손주 세대도 증여자에 포함해 절세하는 것은 기본이다.

국내에서 증여와 관련된 대표적인 사례로 S사와 L사 두 그룹이 꼽힌다. L그룹은 형제가 많기로 유명하다. 자손들이 방대하게 뻗어 있어 상대적으로 증여할 방법도 다양했다. 대표적인 것이 형제들이 돌아가며 자녀 포함 조카들에게 공평한 금액을 증여하는 방식이다. 예를 들어 8명의 형제가 번갈아가며 수십 명의 조카에게 한 명당 10억 원씩만 증여한다고 가정해보자. 결과적으로 본인 자녀가 막대한 부를 물려받을 수 있다. 자신의 자녀에게 거액을 상속할 경우 대부분 세금으로 토해내야 하지만 조금씩 나누어 분산하면 자식 세대가 내야 할 절대 세금은 줄어드는 반면 지킬 수 있는 상속가액은 커진다.

S그룹은 자손이 많지 않아 이처럼 다양한 방법을 쓸 수 없었다. 결국 선대 회장이 작고하면서 상속세만 10조 원이 넘게 부과되었다. 물론 지금과 다른 시절이었고, 상황에 따라 다양한 경우의 수가 나올 수 있지만 중요한 것은 시간을 두고 천천히, 다양한 방법을 모색하며 증여 절차를 밟아야 한다는 것이다.

실제로 주변에서 보면 진짜 부자들은 부를 안전하게 대물림하기 위해 치열하게 고민한다. 한 가지 방법만 고려하는 것이 아니라 이용할 수 있는 모든 방법을 동원해 합법의 테두리 안에서 움직이고 있다.

부를 이전하라

보편적으로 상속보다는 증여가 유리하다. 피상속인이 생존해 있는 동안에는 다양한 증여 방법을 찾을 수 있기 때문이다. 하지만 부모님 사후에는 쓸 수 있는 절세 카드가 많지 않다. 되도록 부모님이 생존해 있을 때 자산을 이동시키는 방법을 찾는 것이 유리하다.

그릇을 옮겨 담는다

단순히 현금이나 자산을 아래 세대에게 넘겨준다는 생각에서 벗어나야 한다. 과거와 달리 지금은 이전해야 할 부의 규모가 커졌다. 자산이 담긴 그릇 사이즈는 그대로인데, 그 안에 담고 있는 자산의 양이 증가해 넘쳐 흐르고 있다고 상상하면 된다. 이때 증여를 하려면 그릇을 새로 바꿔서 다시 옮겨 담는 것이라고 가정한다. 새롭게 마련한 큰 그릇에 옮기고 그 안을 채울 방법을 찾는다. 엄밀히 말하면 증여나 상속은 부의 대물림이기보다 부의 이전에 가깝다. 이 과정에서 자산가에게 꼭 필요한 것이 실행력이다. 세금을 줄이거나 상속세율을 낮추는 단순한 작업이 아닌, 부를 이전할 명분을 만들어 실천에 옮기는 실행력이야말로 부의 이전 계획에 꼭 필요한 행동 요령이다.

현금 증여

지금은 고액현금거래보고제도가 있어 현금으로 1,000만 원을 입금하거나 출금하면 자동으로 금융당국에 보고된다. 1,000만 원 미만이면 괜찮을까? 현금 증여와 관련해서 가장 많이 저지르는 실수 중 하나가 금액이 적으면 괜찮다고 여기는 것이다. 투자자 중 한 분이 손주가 살고 있는 동네 ATM으로 가서 매일 100~200만 원씩 입금한 경우가 있었다. ATM을 이용한 현금 거래는 금액과 상관없이 무조건 CCTV에 찍힌다. 소액이니 큰 문제 없을 것이라고 여기고 반복적으로 송금했다가 훗날 낭패를 볼 수 있으니 주의해야 한다. 은행을 한 번이라도 거친 돈은 세상에 드러나게 되어 있다.

실제로 우리나라 5만 원권의 환수율은 높지 않다. 블랙 머니로 은닉되는 자금이 생각보다 많다는 이야기다. 현금, 채권, 골드바, 값비싼 명품 등을 통해 간접 증여하는 경우도 많다. 과세당국의 눈을 피해 부를 이전시키기 위한 자산가들의 방식은 우리의 상상을 뛰어넘는다.

법인 건물로 절세하기

세금을 모르면 상업용 부동산에 투자하기 어렵다. 특히 건물은 사전에 반드시 꼼꼼한 절세 계획을 세워야 투자 수익을 높일 수 있다. 건물 투자 수익 대부분이 절세에서 나오기 때문이다. 주택은 10년 보유 시 양도소득세가 최대 80% 면제된다. 건물은 주택과 달리 오랫동안 보유하고 있어도 장기보유특별공제가 30%에 불과하다. 하지만 건물은 임대 소득 등 사업 소득이 발생한다. 이 부분을 잘 활용하면 효과적인 절세 플랜이 가능하다.

비용 처리

법인으로 건물을 사면 비용으로 처리할 수 있는 부분이 많다. 각종 관리비와 직원 임금, 시설 유지와 보수, 접대료와 마케팅비, 재산세와 종합부동산세, 도로사용료와 교통유발 부담금 등은 부동산 임대 사업의 필요 경비이기 때문에 비용 처리가 가능하다.

또한 법인 대표가 받는 월급은 낮은 세율이 부과될 수 있도록 금액을 조절할 수 있다. 이렇게 비용으로 처리할 수 있는 구조를 만들면 나중에 세금을 낼 때 부담이 적다. 자녀 세대에게 건물을 증여할 때에도 장점이 많다. 장기간에 걸쳐 주식이나 지분을 증여할 수 있으며, 이 과정에서 세금도 절약할수도 있다. 거듭 강조하지만, 세금은 안 내는 것이 아니라 줄이는 것이다. 줄인 금액만큼 부동산 투자 수익으로 돌아온다는 사실을 잊지 말아야 한다.

매각이 목적이라면

3~5년 안에 건물을 팔 계획이 있다면 법인 수익 활용을 통해 절세 방법을 찾을 수 있다. 우리나라는 기업을 운영할 때 수익이 나지 않으면 다양한 방식으로 법인세를 보전해준다. 3년 동안 법인 수익이 마이너스였다면 3년을 소급

해 법인세를 줄여준다. 건물을 매각한 후 양도소득세가 많이 나오면 투자 수익률이 낮아진다. 이때 법인 비용 구조를 활용해 법인세 감면 혜택을 받을 수 있도록 설계한다. 감면받은 법인세 금액만큼 양도소득세 절감 효과로 이어진다.

이처럼 상업용 부동산 투자할 때 세금을 모르면 아예 투자하지 말라고 할 정도로 세금이 중요하다. 하지만 개인이 전문적인 내용까지 다 알고 계획하기에는 한계가 있다. 비용을 들이더라도 세무사, 법무사 등 전문가의 도움을 받아 자신이 힘들게 일군 부를 지키기 위해 노력해야 한다. 그래야 힘들게 모은 재산을 지킬 수 있다.

준비된 사람이 이긴다

투자 잘하는 사람과 못 하는 사람은 따로 있다?
부동산 투자 노하우와 실천 지식을 익혔더라도 생각이 바뀌지 않으면
투자의 첫발을 내딛기 힘들다. 성공에 이를 수 있는 투자 마인드를 무장하라.

왜 똑똑한 사람은 투자를 못 할까?

부동산 컨설팅 일을 하면서 한 가지 배운 것이 있다. 제아무리 좋은 정보와 실천 노하우를 알려줘도 실천하는 사람과 못하는 사람은 따로 있다는 것이다. 누군가는 투자해서 대박을 터뜨리고 누군가는 망설이다 기회를 놓친다.

몇 년 전 꼬마빌딩 투자가 유행한 적이 있다. 당시 상담을 시작했던 투자자가 3년이 지난 지금까지도 결정을 못 내리고 있다. 계속 고민만 하고 있으며, 여전히 건물 공부만 열심히 한다. 그가 언제 투자를 시작할 수 있을지는 전혀 알 수 없다. 처음 상담하러 왔을 때 고민했던 건물은 투자를 고민하는 3년 사이 가격이 2배 가까이 올랐다. 그에게는 투자를 못 할 이유만 계속 쌓이고 있다.

투자 시장은 경제 논리가 지배하는 세상이다. 주식 투자건, 부동산 투자건 시장이 돌아가는 판을 읽을 줄 알아야 하며 상황에 맞춰 합리적인 판단을 내릴 수 있어야 한다. 하지만 인간은 자신의 생각에 따라 움직이는 동물이다. 자신이 지금까지 해왔던 방식대로 투자 결정을 내리기 쉽다. 하지만 투자에서 '내 생각'은 중요하지 않다. 지금까지 투자에 성공한 적 없다면 자신의 생각이 틀린 것이다. 이를 모르고 계속 자기 생각대로 투자 결정을 내리기 때문에 좋은 투자 기회를 놓치거나 실패한다.

투자는 인간이 지닌 본성에 반하는 일이다. '내 생각'을 뛰어넘는 결론을 내릴 수 있을 때 비로소 성공에 다가갈 수 있다. 투자는 나 자신을 바꾸는 일이며, 그래서 더욱 어렵고 힘든 길이기도 하다.

안 되는 이유가 너무 많다

똑똑한 사람이 의외로 투자를 못 한다. 자기 생각이 너무 많기 때문이다. 그 많은 생각이 다 옳다고 스스로 굳게 믿고 있다. 대부분은 좋은 학교 나와서 남들이 알아주는 좋은 직업을 갖고 있으며, 회사 등 조식 내에서도 높은 자리를 차지하고 있다. 회사에서 연봉 1~2억씩 받거나 안정적인 공무원 신분이거나 '사'자 직업을 가진 이들도 많다. 투자에 관심 많은 가족의 성화에 못 이겨 상담 자리에 따라 왔지만, 마음속 한편으로는 '이거 안 해도 잘 먹고 잘살 수 있는데…'라는 생각을 하고 있다.

이들에게 투자 물건을 소개하면 나름대로 판단하려 애쓴다. 교통, 상권, 인프라 등등 자신이 보고 듣고 배운 부동산 상식과 지식을 총동원한다. 긍정적인 요소보다는 부정적인 요소가 이들의 마음을 잡아끈다. 투자하지 말아야 할 조건에만 눈이 간다. 객관적으로 투자할 만한 물건인지 아닌지가 중요하지 않다. 이미 자신의 머릿속에 들어 있는 지식을 바탕으로 투자 부적격에 마음이 기울었기 때문이다. 학벌 좋고 직업 좋고 안정적인 사회적 지위를 가진 사람 중 상당수는 이런 투자 철학을 갖고 있다.

습관처럼 부동산을 사는 사람도 있다

투자 못 하는 똑똑한 사람과는 반대로 너무 쉽게 투자를 결정하는 이들도 있다. 이들은 돈이 생기면 가만히 있지 못한다. 부동산을 사고 싶어 몸이 근질거린다. 다른 사람을 만날 때마다 "투자할 좋은 물건, 없을까?" 하고 묻는 것은 기본이고, 여기저기 투자하겠다는 말을 흘리고 다닌다. 다른 사람의 조언은 듣지 않으며, 쇼핑하듯 부동산을 산다.

보통 사람들은 예상치 못한 돈이 들어오거나 여윳돈이 생기면 은행에 예금하고 추이를 지켜본다. 투자하기에 적절한 타이밍과 기회를 노리는 것이다. 하지만 돈만 생기면 투자하겠다고 덤비는 사람은 수중에 돈 5,000만 원만 들어와도 부동산 중개사무소를 기웃거린다. 작은 오피스텔이나 빌라, 상가, 재개발 땅 등 소자본으로도 매입할 수 있는 물건을 손에 넣어야 직성이 풀린다. 하지만 이렇게 산 부동산은 대부분 돈이 되지 않는다. 매입하는 데 급급한 나머지 진짜 투자 아이템을 알아보는 혜안을 키우지는 못한 것이다. 긍정적으로 보면 부자 될 수 있는 시작점에 있는 사람들이다. 성공 투자는 경험을 통해 나오며, 지속적인 성공 경험을 바탕으로 나중에 큰 부를 이룰 수 있다. 이런 사람은 누군가 적절한 투자 조언을 해준다면 제대로 된 투자 경험을 만들 수 있다.

착한 사람도 투자 못 한다

착한 사람은 우유부단할 확률이 높기 때문에 투자하기 어렵다. 뭔가 해야 한다는 생각은 강하지만 의사 결정에 어려움을 겪는다. 성품이 워낙 좋으니 타인이 지적해주는 일도 드물다. 이들은 모든 일에 관심이 많으며 질문 거리도 항상 넘쳐난다. 공부도 열심히 한다. 뉴스나 인터넷을 통해 금리가 오른다거나 정책이 바뀐다는 소리를 들으면 예민하게 반응하며, 앞으로 어떻게 될지 자주 묻는다. 중요한 문제가 아닐 수 있다고 얘기해주면 그 답에 대한 근거를 찾겠다면서 또다시 공부하겠다고 나선다. 임장도 부지런히 다닌다. 이런 사람은 계속 제자리 맴돌기만 하고 있을 확률이 높다.

부동산을 한 번도 팔아보지 못한 사람

부동산을 살 때는 취득세를 비롯해 수수료, 법무사 비용 등 각종 비용이 발생한다. 하지만 사는 것에 매몰되어 있어 비용을 따로 떼어서 생각하지 못하고 전체 부동산 가격이라고 생각한다. 부동산을 팔 때는 정반대 상황이 펼쳐진다. 시세가 많이 오르면 시세 차익금 대부분을 수익으로 간주한다. 하지만 팔고 난 후 세금을 비롯한 각종 비용 청구서가 날아오기 시작하면 화들짝 놀란다. 심지어 충격을 받기도 한다.

부동산을 팔면 세금이 어마어마하다. 가격이 높을수록, 양도차익이 클수록 세금도 높아진다. 30억 원에 산 부동산을 50억 원에 팔면 세금만 10억 원이다. 이때 부동산을 한 번도 팔아보지 못한 사람은 매도가격에만 집착하며, 20억 원의 차익 대부분이 자신의 돈이라고 넘겨 짚는다. 그러다 막대한 세금을 부과받고, 쪼그라든 결과물에 실망과 후회에 빠진다. 그나마 주택 투자는 비과세 혜택을 받을 수 있어 수익금을 지킬 수 있는 여지가 많다. 상업용 부동산은 혜택이 많지 않다. 장기보유특별공제만 해도 주택은 양도소득의 80%까지 면제받을 수 있지만, 건물은 고작 30%이며, 그것도 10년을 보유해야 가능하다. 결국 상업용 건물은 매도할 때 세금 압박에 시달릴 수밖에 없다. 이런 상황을 인지하지 못한 채 부동산을 처음 팔아 본 사람들은 세금에 놀라고 재투자할 때 공포심을 느낀다. 그래서 부동산을 한 번도 팔아보지 못한 사람에게는 부동산 투자를 권유하기 힘들다.

부동산 투자 잘하는 사람은 세금부터 따져본 후 투자를 시작한다. 웬만한 건물은 양도소득세가 50%에 육박하기 때문에 매입 전부터 절세 계획을 세우는 게 중요하다. 투자 시작할 때뿐만 아니라 매도 시점까지 꼼꼼하게 계획하며, 각각의 단계에 맞게 회계 장부도 관리하는 등 만전을 기한다. 거듭 강조하지만 부동산 투자할 때는 세금을 줄이는 것이 곧 돈 버는 길이다. 보유한 부동산 가격이 올랐다고 해서 차익이 다 내 돈이라고 생각하지 말고 과연 세금이 얼마인지, 어떻게 하면 세금을 줄일 수 있는지에 관심을 기울여야 한다.

지키려는 마음이 크면 투자하기 어렵다

인간은 본능적으로 안전을 추구한다. 위험을 피하고 싶은 것은 인지상정이며, 이는 부동산 투자할 때도 마찬가지다. 일궈놓은 재산이 많을수록 지키는데 몰두한다. 부자는 부자대로, 서민은 서민대로 가진 재산을 지키기 위해 애쓴다. 아파트 한 채 지닌 사람들은 그 한 채를 지키기 위해 집중할 수밖에 없다. 투자를 잘못해 날리기라도 하면 큰일이기 때문이다.

안전 욕구를 뛰어넘는 욕구, 즉 돈을 벌고 싶다거나 부자 되고 싶다는 열망이 강하면 그다음 단계를 향해 모험을 시작할 수 있다. 보통 사람들은 실패할까 두려워 주저앉지만, 욕망이 강한 사람들은 투자를 감행한다. 이들을 움직이게 하는 건 욕망의 크기다. 욕망의 사이즈가 크면 결단도 쉬워진다.

투자 결정을 내릴 때 필요한 것은 객관적인 분석능력이 아니라 용기다. 그런데 용기를 내는 것 자체도 쉽지 않다. 용기를 내기 위해서는 반드시 훈련이 필요하다.

투자 잘하는 사람은 ○○○을 안다

부자는 투자에 접근하는 태도부터 남다르다. 특정한 건물에 관심이 생기면 먼저 공부를 시작한다. 자신이 얻을 수 있는 객관적인 정보를 모두 취합하고, 최종적으로 자신이 얻을 수 있는 수익률을 확인한다. 마음속에서 '사겠다'는 결론이 나면 그때부터는 조건을 따지지 않고 목표를 향해 돌진한다. 이들은 자신이 가진 돈과 맞지 않더라도 투자를 감행한다. 대출을 받거나 가족에게 도움을 요청하는 등 할 수 있는 모든 방법을 동원한다. 투자 결정을 내릴 때는 현재 처한 상황에 매몰되지 않으려 마음을 다잡는다. 미래에 다가올 상황을 예견하며 투자에 올인하는 것이다. 스스로 마음먹었기에 가능한 일이다.

투자에 성공하는 사람은 부자가 되고 싶다는 욕망이 강하다. 욕망의 크기가 클수록 실천하는 힘도 크다. 이런 사람들은 목표를 세운 후 적극적으로 달려가며, 부를 위한 계획과 이를 실천에 옮기는 데 주저함이 없다. 하지만 투자 못 하는 사람은 '될까? 안 될까?'를 고민하며 자신이 현재 처한 상황 속으로 숨어든다. 가진 돈이 많지 않아 투자하기 힘들다고 생각하는 경우도 많다. 투자할 때 자신이 가진 돈에 맞춰서 투자하면 크게 성공하기 어렵다. '돈에 맞춰 집 사지 말라'는 투자 경구도 있다. 레버리지를 활용해 부동산에 투자하는 방법을 익히는 것은 필수다.

내 생각은 중요하지 않다

시장에는 항상 자신보다 더 많이 아는 전문가가 포진해 있다. 전문가는 투자자 곁에서 올바른 정보를 제공해 투자 성공의 길로 이끌어주는 안내자 역할을 한다. 부자는 투자 잘하는 전문가나 파트너를 곁에 두고 그들과 함께 투자의 시작과 끝을 함께 하며 도움을 주고받는 경우가 많다.

반면 초보 투자자는 자신의 생각에 의존한다. 타인의 의견을 구할 때도 가족이나 지인, 친척이나 친구 등 아는 사람을 동원한다. 투자 초보자의 아는 사람 역시 비슷한 수준일 확률이 높다. ○○동이 뜬다, ○○동이 힙하다, ○○○길이 트렌드다 등등 주변에서 얻어들은 이야기를 전달하며 아는 체를 하고, 이런 의견에 심취한 나머지 섣부른 투자 결정을 내리기도 한다. 초보 투자자가 흔히 저지르는 실수다.

이들은 투자 전문가라고 하면 색안경을 끼고 의심부터 한다. 수수료 챙기는 것이 목적이니 무조건 거래를 성사시키기 위해 투자자를 이용한다고 여긴다. 투자자는 돈을 벌겠다는 목적으로 모험의 길을 떠난 사람들이다. 기왕 돈 벌겠다고 나섰다면 제대로 도움을 줄 수 있는 사람을 만나 질 좋은 서비스를 받고, 누릴 수 있는 혜택을 요구한다. 자동차가 필요해서 영업점에 방문했는데 영업하는 사람을 의심부터 하면 제대로 된 자동차를 구입하기 힘들다. 소비자라면 좋은 차를 제값에 소개받아 사는 것이 유리하다. 부동산도 마찬가지다. 자동차와 비교도 안 되는 고가의 물건을 구입하는 것이니 전문가를 곁에 두고 도움받을 것을 권한다.

투자는 미래를 보고 하는 것이다

보통 사람은 현재를 보고 투자 결정을 내린다. '인플레이션이 시작되었다', '금리가 올랐다', '투자 수요가 줄고 있다' 등 사건이 발생한 그 시점에 매몰되는 경향이 강하다. 시장에는 늘 변수가 생긴다. 2023년 상반기에 주택 가격이 30~40% 하락한 적이 있었다. 투자 적기가 왔으니 부동산을 매입하라고 권유했지만, 이 말을 믿는 사람은 많지 않았다. 당시 벌어진 현상에 매몰되어 부동산 가격이 계속 하락할 것 같은 공포에 휘둘린 것이다. 그럼에도 불구하고 주택을 매입한 투자자도 있었다. 당시에는 떨어지고 있지만, 언젠가는 반드시 오른다는 혜안을 가진 사람들이다.

투자는 최소 1~2년 뒤에 벌어질 미래 상황을 예측해서 진행하는 것이다. 미래를 예측하기란 쉽지 않은 일이며, 예상대로 흘러가지 않을 수도 있다. 부동산 가격이 떨어질 수 있다는 건 리스크다. 누군가는 리스크를 안고 투자에 나서지만, 누군가는 그 리스트 때문에 투자를 회피한다. 하지만 모든 사람에게 공개된 리스크는 리스크가 아니다. 시장이 리스크에 대비하기 때문이다. 모두 한 쪽 방향을 바라보고 있을 때 반대편을 바라볼 수 있는 능력이 필요하다.

부자는 미래의 흐름을 예견하며, 미리 그 길목에 가서 기다릴 줄 안다. 투자 못 하는 사람들은 현재 상황에 매몰되어 타협한다. 현재 시점을 기준으로 투자 판단을 내리면 성공하기 어렵다.

보편적 투자 수익률을 기억하라

똑같은 10억 원이 있어도 투자할 수 있는 사람과 못하는 사람, 살 수 있는 건물과 살 수 없는 건물이 있다. 투자자가 처한 조건과 상황에 따라 투자 내용이 천차만별이라는 이야기다. 상업용 부동산은 개별성이 도드라지는 투자 상품이다. 이런 개별성을 무시하고 좋은 결과만 기대하면서 투자에 나서는 이들이 의외로 많다.

'3~5억 원으로 건물을 살 수 있나?'라고 물어서 가능하다고 답하면 투자자는 그때부터 실현 불가능한 꿈을 꾸기 시작한다. 자기 돈 5억 원을 투입해

30억 원짜리 건물을 사서 50억 원에 팔아 20억 원을 벌 수 있다고 생각한다. 5억 원을 투자해 단기간에 20억 원을 버는 것은 로또 당첨의 행운에 가깝다. 그런 행운은 거의 일어나지 않으며, 혹여 일어난다고 해도 주인공은 자신이 아닐 확률이 높다.

투자는 정직하다. 들어간 자본금 대비 투자자가 떠안은 리스크만큼 대가를 주는 것이 투자 시장의 논리다. 자기 돈 5억 원을 들여 건물을 매입해서 1~2년 후에 매각한다고 가정하면, 기대할 수 있는 합당한 연평균 수익률은 최대 50%다. 30억 원 건물을 사서 36~37억 원에 매각해 세금을 내고 5억 원 정도 수익을 냈을 때 시장에서는 적합한 수익률이라고 판단한다.

하지만 많은 투자자가 30억 원짜리 건물 사면 금방 50억 원이 될 것으로 착각한다. 자신의 건물은 특별하며, 세상에 단 하나뿐이기 때문에 50억 원은 받을 수 있다고 고집부린다. 그건 투자자 본인의 생각일 뿐이다. 시장에서 받아들여질 합당한 금액은 정해져 있기 마련이다. 그 선을 넘는 순간 투자자의 과욕으로 치부된다.

각론보다 원론에 충실하라

원칙과 기본을 지켜야 투자에 성공한다. 투자할 때는 입지도 중요하고 파트너도 중요하고 공부도 중요하다. 하지만 정작 중요한 것은 투자를 이루는 중심축 즉 핵심 뼈대를 파악하는 일이다. 각론보다는 원론에 충실할 때 성공 확률이 더 높다.

강남에 아파트 매물이 나와 한번 둘러보라고 제안하면 투자자 성향에 따라 각기 다른 반응을 보인다. 어떤 사람은 "직접 가서 살펴보니 학교도 멀고 마트도 없고 지하철역이 있긴 한데 사람이 너무 많이 오가서 시끄러울 것 같아 투자하기 어렵다"라고 말한다. 하지만 어떤 사람은 "학교가 멀고 시끄럽긴 하지만 강남 8학군이고 대치동과 가까우니 투자하겠다"라고 말한다. 이처럼 같은 물건을 놓고도 상반된 해석을 내린다. 결론도 달라질 수밖에 없다. 누군가는 거부한 물건을 누군가는 사서 투자에 성공한다.

투자할 때 사소한 것에 목숨 거는 것만큼 의미 없는 일도 없다. 가격에 직접적인 영향을 미치는 진짜 요인이 무엇인지 파악할 수 있어야 한다. 학교가 멀고 마트가 없고 시끄럽다는 각론은 아파트 가격 인상에 큰 영향을 미치지 못한다. 강남이고 8학군이며 대치동이라는 원론은 아파트 가격 인상의 결정적인 요인이 될 수 있다.

건물도 마찬가지다. 똑같은 건물을 보고 와도 투자자마다 하는 이야기가 다르다. 어떤 투자자는 "건물이 너무 지저분하고 다 쓰러질 것 같다. 이자도 많이 나가는데 언제 리모델링을 해서 임대할 수 있겠냐"라며 한탄을 늘어놓는다. 또 다른 투자자는 "건물이 낡긴 했어도 주변에 개발 이슈가 많아 미래 가치가 높아 보인다. 리모델링이나 신축 등 밸류업을 통해 2~3년 보유하고 있으면 매력적인 건물이 될 것이다"라며 관심을 보인다.

똑같은 물건을 제안해도 투자자마다 보는 관점과 생각하는 방식이 각기 다르다. 각론에 빠지면 가격에 큰 영향을 미치지 못하는 사소한 것들에 매몰되어 투자 방향성을 잊는다. 원론에 충실하면 투자의 맥을 짚어가며 큰 흐름과 줄기에 투자해 성공할 수 있다. 부동산 투자는 각론보다 원론에 충실해야 이긴다.

변화하는 시대 흐름에 발맞춰라

과거에는 매력적이었던 부동산 상품이 현재 시점에는 그렇지 않은 경우가 많다. 상가 투자가 대표적이다. 지금은 오프라인보다는 온라인에서 쇼핑하는 것이 대세다. 오프라인 매장을 찾을 이유가 점점 줄고 있는 데 반해 상가 공급은 계속해서 증가해왔다. 상가 투자 매력도가 낮아질 수밖에 없다. 호텔도 마찬가지다. 5년 전만 해도 호텔 분양이 인기였지만 지금은 존재감을 찾기 힘들다. 이처럼 부동산 시장은 끊임없이 새로운 상품이 등장해 과거의 상품을 밀어낸다. 부동산 투자 상품은 시대에 따라 변하며, 이에 맞춰 투자자 포트폴리오 구성도 바뀌어야 한다. 한때 미운 오리 새끼 취급받던 상품이 다시 인기를 얻을 수도 있다. 부동산 시장의 변화는 항상 예의 주시하며 살펴봐야 한다. 투자는 살아 있는 생명체와 같이 유기적이고 복합적으로 움직이며 변화한다. 이를 따라가기 위한 투자자 노력은 필수다.

시대 흐름과 사람들이 필요로 하는 게 무엇인지를 살피고 그게 맞는 투자 상품으로 업데이트하라. 투자 상품이 바뀌면 투자 포트폴리오도 바꿀 수 있어야 한다.

지식이 얕을수록 더욱 가치 있는 판단을 해야 함에도 그렇지 못하다. 하지만 앞으로 우리는 지금까지와는 다른 세상을 접하게 될 것이고, 그 미래 세상은 우리가 한 번도 직면해보지 못한 새로운 세상일 것이다. 지금은 과거 자신이 알고 있던 것을 토대로 한 후 새로운 패러다임을 확인해야 할 때다.

우리는 자신에게 반문할 수 있어야 한다. 현재까지 자신이 이룩한 부와 자산은 과연 진짜 노력해서 얻은 것인지, 자신의 지식과 지혜를 바탕으로 한 성공적인 투자였는지 말이다. 아니면 세상의 흐름과 유행, 어쩔 수 없는 상황에 놓여 단지 현실에 순응하는 보편적인 삶을 살아온 결과인지 구별할 수 있어야 한다.

30년 전 인터넷도 없던 과거로 되돌아 가보자. 전기차가 언제 나왔나? PC와 핸드폰은 언제부터 우리 생활 속에 필수품이 되었나? 우리는 언제부터 부동산 투자를 해왔나?

우리는 과거에 이런 상황을 예측하지는 못했지만 조금씩 변화된 삶을 받아들였고, 열심히 익히고 공부하면서 살아가고 있다. 이제는 부동산 투자도 내가 알던 것보다 모르는 것에 대해 공부하고 도전해야 한다. 그래야 변화된 세상의 패러다임에서 뒤처지지 않고 부유하고 행복한 미래를 예약할 수 있다.

불필요하게 책임감이 강하다

투자자와 상담하면서 항상 느끼는 부분이 있다. 한 가족의 경제를 책임져야 하는 가장, 우리나라 아버지가 지닌 유독 강한 책임감이다. 이들은 무겁고 성실한 마음가짐으로 세상을 살고 있다. 그러다 보니 투자를 해야 할 때 항상 이런 질문을 한다.

"너무 리스크가 큰 투자 방법 아닌가요?"

"조금 더 보수적이고, 조금 더 작은 규모로 안전하게 투자할 방법은 없습니까?"

이들은 '소규모의 안전한 투자 방법'이 성공했을 때 과연 자신이 기대한 성공적인 투자 결과물을 만들어낼 수 있을지는 고민하지 않는다.

나는 투자자에게 "자신이 할 수 있는 최대한을 투자해 가장 비싸고 좋은 물건을 사라" 하고 항상 조언한다. 세상에 좋은 물건을 싸게 살 수 있는 방법은 없다. 비싼 물건은 제각기 비싼 이유가 있으며, 그렇기 때문에 시장에서는 그 가치를 가늠해서 비싸게 책정하는 것이다. 하지만 많은 사람이 투자 못하는 이유로 '가격이 비싸서', '리스크가 커서'라고 말한다. 이는 자신이 가진 것을 잃을 수 있다는 걱정, 자신이 지금까지 이루어놓은 것을 지키고 싶은 마음이 크기 때문이다. 새로운 도전이나 더 나은 미래보다는 자신이 가진 것을 지키기 위해 리스크를 회피하고 싶은 가장의 책임감 때문이다.

그래서 투자 상담을 할 때는 부부가 함께 오라고 조언하는 편이다. 부부가 서로 책임감을 나눠가면서 함께 미래를 도모하는 것이 투자에 훨씬 도움이 된다. 물론 새로운 도전과 실패에 대한 두려움이 책임감으로 포장되는 것은 어찌 보면 당연할 수 있다. 하지만 안전하고 리스크 없는 미래가 존재할 수 있을까? 책임감은 바꿔 말하면 가족을 위해 미래를 준비하고 대비하려는 마음가짐일 수 있다. 하지만 결정적인 순간에 자신이 처음에 마음먹고 각오했던 결심을 넘어서지 못하고 기회를 놓친다. 이들에게 요구되는 진짜 책임감은 무서운 속도로 변화하는 세상에서 흐름을 놓치지 않는 동시에 빠르게 이해하며 대응하는 삶의 태도일지 모른다. 바꿔 말하면 그것이 용기다.

은퇴자, 집안의 가장, 부모, 어른이라는 말에 짓눌려 현실을 직시하지 못하고 회피하려고만 하는 자세는 투자자에게 바람직하지 못하다. 지금까지 우리가 경험하고 배워온 책임감도 진화해야 마땅하다. 이제는 새로운 패러다임의 변화가 눈앞에 다가오고 있다. 책임감이 높을수록 변화하는 세상을 살아나가기 위해 더 치열한 준비가 필요하다.

투자에 보수적이다?

축구 경기할 때 공격이 최선의 방어라는 말을 많이 한다. 인생도 마찬가지다. 지금 당장은 생활하는데 불편함이 없고 부족함도 느껴지지 않아 삶에 만족하기 쉽다. 하지만 편안한 삶에 익숙해지고 현재를 지키는 것에만 중점을 두고 살면 하나둘씩 도전을 받게 되고, 그 과정에서 자신도 모르는 사이에 조금씩 세상에서 뒤처지기 시작한다. 최악에는 삶의 패배를 맛볼 수도 있다.

우리는 종종 "부자는 보수적이다", "부자는 의심이 많다", "부자는 사람을 잘 믿지 않는다" "지킬 게 많은 사람은 보수적이다"라는 말을 한다. 하지만 이는 옛날 사고방식이다. 실제로 투자 현장에서 만나본 부자들은 한결같이 투자를 검토할 때는 보수적이지만 행동에 옮겨야 할 때는 누구보다 적극적이고 진취적이며 열심히 한다. 물론 보통 사람들과 비교했을 때 투자 여력이 큰 것은 맞지만 이들은 부에 대한 매우 강한 욕구를 지니고 있다. 부자가 되면 뭐가 좋은지, 어떤 삶이 기다리고 있는지 잘 알고 있기 때문이다.

미국 투자자 워런 버핏(Warren Buffett)은 1930년생으로, 우리 나이로 90세가 넘었다. 세계에서 가장 영향력 있는 부자인 동시에 여전히 왕성한 경제 활동을 하고 있다. 그가 90세이 넘은 지금까지도 계속해서 부를 쌓고 있는 것은 결국 부가 행복을 가져다준다는 것을 알기 때문일 것이다. 부자는 부와 행복이 정비례하지 않는다는 것을 알지만, 부자가 행복하게 살 가능성이 그렇지 않은 사람에 비해 훨씬 높다는 것도 잘 알고 있다.

부의 개념은 상대적이다. 그럼에도 불구하고 우리는 보수적으로 지키는 것에 집중한다. 우리는 자신이 가진 가치를 높이는 일에 더 적극적으로 매달려야 한다. 그렇지 않으면 시간이 지날수록 더 많은 도전에 직면할 수 있다. 투자할 때 지키는 것은 방법이 될 수 없다. 방어와 수비에 치중하지 말고 적극적인 공격을 통해 최선의 방어를 하면서 미래를 준비해나가야 한다.

부정적인 사람보다 긍정적인 사람의 투자 성공 확률이 높다

나는 잘 웃는 편이다. 하지만 어떤 상황에서는 오해를 받기도 한다. 상대방이 진지하게 이야기하다 나의 웃는 표정에 자신이 무시당했다고 여기는 이들도 만나본 적이 있다. 그럼에도 불구하고 밝은 표정과 긍정적인 태도는 전체적으로 내 삶에 큰 플러스 요인으로 작용하고 있다는 것을 잘 알고 있다.

일반적으로 성공을 꿈꾸는 사람일수록 내면의 안정적인 삶과는 거리가 먼 생활을 하고 있다. 그들은 미래의 안정적이고 행복한 삶을 위해 현재 치열한 자기 성찰과 개발, 노력에 온 힘을 다하고 있다.

스스로 부지런하다고 생각한다

'부지런하다'의 사전적 의미는 '게으르지 않고 열정적이며 꾸준하다'다. '게으르다'는 움직이거나 일하기 싫어하는 성미나 버릇을 말한다. 주변에서 보면 '나는 누구보다 열심히 부지런하게 삶을 살아가고 있다'라고 자신을 스스로 위로하고 격려하며 생활하는 이들이 많다. 하지만 좀 더 냉정히 생각해보자. 혹시 자신의 게으름을 그런 방식으로 포장하고 있는 것은 아닌가.

먹고 사는 문제를 해결하기 위해 일상적으로 일하는 것을 제외하고, 미래를 위한 보다 나은 삶을 위해 현재 무엇을 하고 있는지 묻는다면 뭐라고 답할 수 있을까. 집 한 채 마련하고, 직장도 성실히 다니고 있으며, 남들과 비교해서 크게 부족하거나 모자람 없이 살고 있으니 '이만하면 성공한 인생'이라고 스스로 만족하고 있지는 않나. 혹은 어느 순간부터 안정적인 삶에 길들여지고 만족하면서 자신도 모르게 게으르게 살고 있지는 않나.

부자로 사는 타인의 삶을 보며 자신이 부자가 되지 못하는 이유를 수만 가지는 떠올릴 수 있을 것이다. 물려받은 재산이 없어서, 운이 없어서, 다른 일을 할 시간이 부족해서 등등. 하지만 이런 기준은 바로 자신이 세워 놓은 것이다.

현재 부자로 잘살고 있는 사람들은 누구보다 치열하게 살아온 이들이다.

물론 이들 중에는 부모 잘 만나서, 좋은 집안에 태어나서 잘 사는 이들도 있겠지만 그런 소수의 몇몇을 제외하면 대부분은 항상 부지런하고 치열하게 자신의 삶을 가꾼다. 목표가 분명하며, 미래의 불확실성에 대비하고, 하루 24시간을 쪼개서 치열하게 성공 방법을 찾아 갈구하고 쫓아다닌다.

열심히 산다고 스스로 만족하는 사람들에게 '너무 과한 점수를 자신에게 주고 있는 것은 아닌지' 자문자답해 볼 것을 권한다. 이번 기회에 자신의 생활을 재구성해볼 것을 추천한다.

생활 속 습관, 갑질을 버려라!

사람은 살면서 '갑'과 '을'의 관계를 경험한다. 물건을 살 때, 회사에서 비즈니스를 할 때, 음식점에서 주문할 때 등등 인간관계에서 갑과 을은 언제나 존재하기 마련이다.

사람 중에는 갑의 경험이 많은 이들이 있다. 좋은 직장을 가졌거나 전문직으로 살았던 사람일수록 특히 그렇다. 을이 되어본 경험이 상대적으로 적으니 투자를 할 때도 항상 갑의 마음가짐으로 투자에 임한다. 하지만 갑의 자세로 성공 투자에 이르기는 쉽지 않다. 오히려 세상에서 을로 대부분의 삶을 살았던 이들이 투자에 성공하는 확률이 훨씬 높다. 을의 위치에서 영업하거나 사업을 해왔던 사람들은 타인의 심리를 꿰뚫어볼 줄 알며, 상대가 원하는 것이 무엇인지 빠르게 간파해 비즈니스 판세를 잘 읽는다. 결국 자신에게 유리한 국면으로 사업과 투자를 이끌어갈 줄 안다.

진짜 부자들도 마찬가지다. 그들은 항상 을의 자세로 겸손하게 예의를 지키며 낮은 자세를 유지한다. 결국 그 모습을 보는 상대방은 그 사람에게 최선을 다할 수밖에 없고, 그 사람을 위해 자신이 지닌 많은 것을 나눠주고 도와주려고 한다. 진짜 부자들은 바로 이런 인간의 심리를 꿰뚫고 있다. 나는 투자자를 만나면서 '진짜 부자의 여유와 배려는 다시 그 사람에게 더 큰 기회와 배려로 돌아온다'는 것을 항상 배운다. 부자가 될수록 을로 살아가는 법을 익혀야 한다. 갑이 아닌 을의 자세로 세상을 살 수 있다는 것은 반대로 말하면 그만큼 세상을 대하는 태도가 자신감 넘치고 여유 있으며, 배려심 많다는 의미이기도 하다. 이런 삶은 최종적으로 다시 큰 성과와 보람을 자신에게 되돌려준다는 것을 항상 기억해야 한다.

타인의 말과 평판에 신경 쓰는 것이 항상 도움이 될까?

인간은 사회적 동물이다. 그러다 보니 부작용도 발생한다. 타인의 시선을 의식하게 되고, 남의 일에 관심을 둔다. 결국 타인으로 인해 자신의 삶에 의도치 않은 영향을 받을 수 있다.

투자하다 보면 주변 사람의 의견을 구할 때가 많다. 전문가 입장에서 보면 '도긴개긴'인데, 전문가의 식견이 필요한 상황에서도 가족이나 지인의 말을 듣고 의사 결정을 내린다. 이게 맞는 의사 결정일까?

판단을 내리거나 결정을 해야 하는 상황에서 답이 없을 때, 투표하거나 다수의 뜻에 따르는 경우가 종종 있다. 하지만 투자는 투표를 통해 결정할 수 있는 행위가 아니다. 과거에 모 기업 총수가 '남 활용', '통합 콘셉트'라는 독특한 의사 결정 방식을 기업 경영에 도입한 사례가 있었다. 여기서 남 활용이란 자신보다 나은 전문가나 경험이 많은 사람을 활용한다는 의미이니 크게 이상할 것이 없다. 문제는 통합 콘셉트였는데, 이는 회사의 중요한 의사 결정을 내릴 때 전문 식견이나 경험이 많지 않은 일반 직원들을 대상으로 의견을 물어 다수결 투표로 결정하는 방식이었다. 궁극적으로는 의사 결정권자의 의중을 반영하게 되겠지만, 전문성이 많지 않은 일반 직원의 다수결에 의한 경영 방식은 위험해 보인다.

우리는 부동산 투자를 할 때 내용도 잘 모르는 지인에게 "잘 될 것 같아?", "성공할 수 있을까?"라고 흔히 묻는다. 주변을 둘러보면 부동산 투자를 잘해서 돈을 많이 벌었다고 말하는 사람이 참 많다. 대부분은 아파트에 투자했고, 시기적으로 운이 좋아 가격이 많이 상승하면서 자산이 늘어나는 것을 경험한 이들이다. 하지만 그들이 투자할 때 어떤 조건과 배경을 따져서 투자했는지는 확실하지 않다. 이들에게 '투자할 때 어떤 조건을 보고 투자했나?', '투자할 때 누가 조언해줬나?', '투자를 결정한 이유는 무엇인가?' 등 다양한 질문을 던지면 대부분 비슷하게 답을 했다. '주변에 투자로 성공한 사람이 추천해서', '중개업소에서 추천해서', '지인이 그 지역 혹은 그 주변에 살고 있어서', ' 그 지역에 사는 가족이 추천해서', '지하철 등 주변에 개발될 것 같아서' 등이다.

투자는 자신의 전 재산을 거는 행위인데 어이없을 정도로 사소한 것들에 영향받아 투자 결정을 내린다. 운이 좋아서, 시대를 잘 만나서 투자에 성공했기에 망정이지 안 그랬다면 어찌 되었을지 생각만 해도 아찔하다. 사람들은 시대 잘 만난 행운이 계속되리라는 보장이 없다는 것을 알지 못한다.

최근 빌딩 시장에 대한 세상의 관심이 높아지면서 기존에 건물을 보유한 투자자를 많이 만나게 된다. 투자자 중 나이가 상당히 많으신 분이 상당히 많은데, 비율로 살펴보면 과반이 넘는다. 이들은 시간이 지나면서 자연스럽게 부를 이룰 수 있었다. 하지만 이들이 투자에 성공하기 위해 전문적인 노력을 했다고는 여겨지지 않는다. 기존에 갖고 있던 건물을 계속 갖고 있었다는 것 말고는 특별한 투자 노력을 찾기 힘들었다.

우리가 지금 이 책을 읽는 이유는 그런 시대가 이미 지났기 때문이다. 이제부터 투자에 성공해 부자 되려면 변화하는 시대의 패러다임을 읽어야 한다. 그게 우리의 미래를 준비하는 일이다. 가까운 지인이나 가족, 친지 등 주변의 말이나 소문, 조언이나 평판만 믿고 섣부른 투자를 하던 시대는 이제 끝났다.

보이는 것에만 집중한다

눈앞에 보이는 것이 모두 사실일까? 투자 경험이 많은 사람은 지금 눈앞에 보이는 것보다는 그 안에 잠재된 내재 가치, 즉 새롭게 만들어 다른 상품과 차별화시킬 수 있는 가치를 찾는 데 골몰한다. 지금 당장은 수익성 높고 멋있게 보이는 물건일지 몰라도 미래에는 별 매력 없는 상품이 될 수 있다는 것도 잘 알고 있다. 진정한 투자자는 이런 것을 볼 줄 아는 사람이다. 하지만 사람들 대부분은 현재 상태에 매몰된 투자 방식을 쉽게 포기하지 못한다. 타인의 눈에 보이는 것에만 신경을 쓰기 때문이다.

투자를 할 때는 건물을 새롭게 다시 지었을 때 건물과 주변 상황과의 관계, 몇 년 뒤 변화될 도시의 모습, 예상 가능한 미래의 유행 트렌드 등을 상상할 수 있어야 한다. 쉽지 않지만 이런 판단을 내릴 수 있도록 노력하고 연습해야 한다. 이런 얘기를 들려주면 머리로는 이해하지만, 실제 행동할 때는 다른 모습을 드러낸다. 눈앞에 보이는 것만을 가치 판단의 재료로 삼기 때문이다. 투자자는 상상할 수 있어야 한다. 눈에 보이는 것 뒤에 숨은 가치를 상상할 수 있어야 진짜 투자다.

도움 안 되는 정보를 너무 많이 알고 있다

우리는 정보의 홍수 속에서 살아가고 있다. 실제로 인터넷을 통해 어지간한 정보는 모두 알아낼 수 있고 최근에는 유튜브를 통해 정보 접근성이 크게 개선되고 있다. 문제는 정보의 진위를 알 수 없다는 것이다. 유튜브에 나오는 정보 중 특별한 의도를 하고 있거나 왜곡된 내용을 전달하는 콘텐츠가 늘고 있다. 이제는 정보의 홍수 속에서 자신에게 진짜 필요한 정보를 찾는 일마저도 쉽지 않게 되었다.

이제 우리에게는 해야 할 일이 하나 더 늘었다. 바로 정보 필터링이다. 궁극적으로는 투자자 개인이 자신에게 도움 되는 정보를 찾아야 하며, 걸러내야 하는 정보도 확인할 수 있어야 한다. 이는 결국 투자자가 나아가야 할 방향을 스스로 고민해서 찾아야 한다는 말이기도 하다. 이때 경계해야 할 것이 하나 있다. 수없이 많은 정보를 보고 듣고 입력하는 것만으로 세상의 모든 일을 다 알고 있다고 생각하면 큰 오산이다. 세상은 그렇게 녹녹하고 호락호락한 상대가 아니다. 어쩌면 우리는 우물 안 개구리처럼 눈앞에 보이는 그 세상을 세상의 전부라고 착각하고 있는 것인지도 모른다.

투자는 자신과 상관없는 남의 일이다?

'투자는 남의 일'이라고 생각하는 사람이 생각보다 많다는 것에 놀라곤 한다. 특이한 것은 경제적으로 여유가 없는 젊은 세대일수록 부자 되고 싶어 하는 열망이 강하며, 그래서 더 적극적으로 투자를 고민하고 실행에 옮긴다는 사실이다. 이와 반대로 기성세대는 이미 자산을 일구었고, 안정적인 직장이나 직업이 있어 투자에 보수적이거나 망설이는 경향이 강하다. 심지어 좋은 기회가 와도 자꾸 뒤로 미루려고 한다. 이들이 생각하는 이유는 단순하다. 바빠서, 시간이 없어서, 건강이 좋지 않아서, 자녀 교육 때문에, 육아 때문에 등이다. 이들에게는 다음과 같은 질문을 던져본다.

"다른 투자자는 시간이 남아서 미래를 준비하고 있을까요?"
"부자는 시간이 많아서 더 치열하게 고민하고 노력하는 것일까요?"

그렇지 않다. 노력하지 않고 되는 일은 아무것도 없으며, 투자해야 할 때는 더욱 그렇다.

주변의 배신을 예상하지 못한다

성공한 사람은 자신이 모든 일을 주도적으로 이끌어간다. 소신과 목표, 책임감이 높고 분명하며 결국엔 성공에 이른다. 그래서 많은 사람이 '성공한 사람은 뭐가 달라도 다르다'라고 말하는 것이다.

자기 주도성이나 목표, 소신, 책임감이 약한 사람은 성공에 이르는 과정이 멀고 험난하다. 특히 직장이나 조직에 소속되어 안정된 사회생활을 하는 사람일수록, 회사나 조직, 사람들이 자신을 버리거나 배신할 수 있다는 생각을 하지 못한다. 다른 사람은 몰라도 자신은 아닐 거라고 여기거나 혹은 알고 있으면서도 인정하지 않는다. 하지만 현실은 냉혹하다. 언제까지고 사람들이, 조직이, 회사가 자신을 지켜준다고 생각하면 큰 착각이다. 만에 하나 그런 상황이 닥치면 타인을 탓하고 원망하느라 허송세월한다.

자신이 스스로 세상의 중심이 되어야 한다. 자신의 삶을 주도적으로 가꾸고 변화하며 발전할 수 있어야 만 미래를 제대로 준비할 수 있다. 이미 벌어진 이후에 남 탓, 세상 탓한다고 해서 해결되는 것은 하나도 없다.

머리로는 이해하지만, 몸과 마음은 다른 세상에 산다

세상에는 부자가 되고 싶다고 생각만 할 뿐 준비가 안 된 사람이 훨씬 많다. 자기 주변에 부자가 된 사람들이 많아지고, 그 모습에 자극받아 자신도 부자 되는 법에 관심을 두겠다고 결심하지만, 막상 시작하려니 어떻게 해야 할지 몰라 막막함을 느낀다. 머리로 이해하기는 쉽지만, 열정과 욕망이 생겨 실행에 옮기기까지는 상당한 노력과 시간이 든다. 투자 상담하러 온 사람들의 70~80%가 이런 사람들이다. 이들의 노력이나 실행은 일회성으로 그치는 경우가 많고, 시도만 할 뿐 성공의 문턱을 넘어보지도 못하고 변죽만 울리다가 포기하는 경우도 많다.

진짜 부자는 하늘이 내려준다고? 나는 그렇게 생각하지 않는다. 성공한 사람은 자신의 마음속 깊은 곳에서 솟구치는 욕망을 이해하고, 그것을 머리와 가슴으로 받아들여서 실행하는 사람이다. 하지만 똑똑하기만 한 사람들은 자신의 이해력 속에 사고의 틀을 가둔다. 틀에서 깨어나 새로운 도전에 익숙해져야 새로운 생각을 할 수 있고, 미래를 대비할 수 있다.

윗사람이 스승은 아니다. 스승은 길을 알려줄 수 있어야 한다

주변을 둘러보면 상사, 연장자, 어른이 항상 존재한다. 스승으로 삼을 수 있는 사람이 많을수록 사는 데 도움을 얻는 건 당연하다. 하지만 단순히 직장 상사나 선배라는 이유만으로 스승이 될 수는 없는 노릇이다. 롤모델이 될 만한 선배나 상사가 있다면 다행이지만, 자신이 꼭 그 사람처럼 살아가는 것이 정답은 아니다. 배울 것이 있다면 배운다. 하지만 그들과 똑같은 길을 걷겠다는 생각은 하지 않는 것이 낫다. 인품 좋고 똑똑하고 능력이 출중해서 인정받는 훌륭한 선배라고 해도 모든 분야에서 성공한 삶을 사는 것은 아니기 때문이다.

스승은 따로 있다. 스승은 자신에게 길을 알려줄 수 있는 사람이어야 한다. 윗사람이라고 당연히 스승이 될 수 있다고 생각하는 건 착각이다. 자기보다 나이가 어린 사람이나 후배라도 스승으로 삼을 수 있다. 그 스승이 부자면 다행이고, 투자를 잘 해왔다면 금상첨화다. 자신의 목표, 가치관에 따라 스승도 편집할 줄 알아야 한다.

투자는 심리적인 영향이 크다

투자는 심리전이다. 많이 알고 있다고 해서 투자를 잘하는 것도 아니고 어려운 시기라고 해서 투자에 실패하는 것도 아니다. 투자는 복잡한 경제 메커니즘을 통해 움직인다. 세상을 이끌어가는 영향력 있는 사람들 혹은 교묘하고 미묘한 처세를 통해 사익을 추구하는 사람들까지 활용하면서 움직이는 고도의 시스템 공학이 존재하는 것이 바로 투자 시장이다. 그런 시장에도 법칙과 원칙이 있다. 시장은 이미 너무 많은 부분이 고도로 발전하고 있다. 심지어 AI까지 실전 투자에 활용하기 시작했다. 이제부터라도 투자에 대한 알고리즘을 분석하고 이해하는 노력이 필요하다. 그런 과정을 통해 세상의 변화를 받아들이고 극복해야 한다.

좋아하는 일을 하는 것이 성공의 시작이다

돈 많이 버는 것이 목적이 될 수 없다. 좋아하는 일을 해야 인생에서 성공한다. 나 역시 과거에 대기업 건설회사에 다니며 직장인으로 살던 시절이 있었다. 돌이켜보면 그 일을 좋아했던 것은 아니다. 그러나 그 덕분에 지금은 내가 하고 싶은 일을 하며 즐겁게 살 수 있게 됐다.

사람이 자기가 좋아하는 일, 하고 싶은 일만 하면서 살 수는 없다. 하지만 자신이 좋아하는 일을 찾기 위해 최선을 다하는 것이야말로 무척 중요하다. 부자가 되려고 할 때 투자를 제일 중요한 목표로 삼을 수는 있다. 그러려면 자신이 제일 잘할 수 있는 방법을 찾아야 한다. 자신은 어떤 것을 잘할 수 있는지, 자신에게 맞는 투자 방법은 어떤 것인지부터 찾아내보자.

잘하는 사람은 즐기는 사람을 이기지 못한다

부자는 투자를 잘하는 사람일까, 투자를 즐기는 사람일까? 답은 후자다. 진짜 부자는 인생을 즐기기 위해 현재의 과정도 즐길 줄 아는 사람이다. 현재 자신이 하는 일이 즐겁고, 즐기면서 일할 수 있기 때문에 행복을 느낀다. 즐기는 삶! 이것이 인생의 목적이자 목표가 되어야 한다.

꿈이 소박하다

어렸을 때는 꿈과 야망을 품기도 하고, 대통령이 되겠다며 호기를 부리기도 했던 사람들이 어느 순간 현실과 타협해 소박한 꿈을 내세우며 살아간다. 자신의 주변에 있는 사람을 비교 대상으로 삼으며 스스로 만족하고 산다.

어쩌면 우리는 자신보다 잘사는 사람, 능력이 뛰어난 사람을 만날 기회가 부족해서 그런 것이 아닐까? 책 등 간접 경험을 통해 성공한 사람이나 위인의 삶을 간접 체험하는 것은 논외로 치자. 실제로 자신보다 월등하고 배울 점 많은 사람을 가까이에서 접하며 살아갈 기회가 있고 없음은 그 사람의 삶에 큰 영향을 미친다.

우리 속담에 "말은 태어나면 제주도로 보내고, 자식을 낳으면 한양으로 보내라"는 말이 있다. 부자가 되고 싶다면 부자가 많은 곳, 돈이 많이 도는 곳에 가서 살아야 기회를 얻을 수 있고 배울 수 있다.

회사가 대치동에 처음 사무실을 오픈했을 때 왜 사람들이 자녀 교육을 위해 대치동으로 몰리는지 알지 못했다. 하지만 시간이 지나면서 그 이유를 알게 됐다. 아이들의 태도, 행동, 목표가 바뀌는 것은 물론 경쟁을 통해 자신의 생존과 미래를 걱정하는 자녀로 바뀌게 된다. 부모는 바로 이런 자녀의 모습을 보기 위해 값비싼 교육비를 들여 대치동으로 몰려오는 것이다. 자신보다 나은 사람들을 만날 기회가 많지 않기 때문에, 자녀 세대에게 더 많은 기회를 제공하는 것으로 꿈이 바뀔 수 있다고 생각하는 사람들이 많아지는 것을 실제로 체감하며 살고 있다.

대다수의 사람은 직장 다니면서 매일 보는 사람들을 심지어 주말에 동호회까지 함께 하며 교류하는 것에 의미를 둔다. 하지만 투자 상담하면서 만나는 성공한 사람들 가운데에는 자신보다 더 나은 사람들, 더 잘하는 사람들을 만나서 교류하는 것을 중요하게 여기는 이들이 많았다. 그들은 그 과정을 통해 꿈과 목표를 이룰 수 있는 동기를 얻는다.

요즘 젊은 세대로 갈수록 다양한 커뮤니티에 참여하고 그 기회를 활용해 대인 관계의 폭을 넓힌다. 이들은 현재의 소박한 삶에서 행복을 찾는 자신의 모습이 최선일 수는 있어도 최고일 수는 없다는 현실을 자각하고 있다.

매번 미루다 맞닥뜨려야 실행한다

성공한 투자자의 특징 중 하나는 준비하는 시간은 길지만 실행하는 시간은 아주 짧다는 것이다. 보통의 투자자와 똑같이 고민하고 생각할 수 있지만 의사 결정을 내린 후 실행에 옮기기까지의 모멘텀이 아주 짧고 간결하다. 이들은 결정이 끝나면 전광석화 같은 추진력을 동원해 실행에 옮긴다. 그 과정에서 이들이 보여주는 노력과 열정의 수준은 가히 최고다. 우리가 생각하는 것 이상으로 이들은 평상시에 항상 준비하고 있는 것일지도 모른다.

나는 주변 사람에게 실행력의 중요성을 자주 강조한다. 실패하더라도 도전하는 사람과 그렇지 않은 사람이 느끼는 차이는 무척 크다. '실패는 성공의 어머니'라는 말도 있다. 물론 실패하면 안 된다는 것을 잘 안다. 투자 실패의 결과는 참담하며, 종종 큰 충격으로 다가올 수도 있다. 그래서 평범한 사람은 타인의 성공을 바라보며 부러워하고 손뼉 치며 바라본다. 그러다 정작 자신에게 절박한 상황이 닥치면 그제야 급하게 의사 결정을 내린다. 의사 결정을 급하게 내릴수록 감내해야 할 리스크는 커지기 마련이다.

시작은 항상 지금이어야 한다. 미루지 마라. 시간이 경험이고 자산이다. 미루고 멈추는 순간 다른 사람과의 격차가 시작되고 있다.

시대적 변화는 시작되었다!
우리는 어떻게 리스크를 줄이고 극복해야 할까?

저는 1980년대 말 학번입니다. 1980~1990년대 대학의 최고 인기학과는 전자공학과, 건축공학과였습니다.

당연히 공과대학 경쟁률과 커트라인도 당연히 최상위권인 인기학과였습니다. 하지만 2000년대 들어서 공과대학 중 건축 관련 학과는 인기 없는 학과가 되어버렸습니다.

인기 하락의 이유는 당연히 시대 상황과 산업 등 사회 전반의 여러 요인이 영향을 미쳤을 것입니다. 최근 건설업 관련 직종은 힘든 업종으로 여겨져 3D 또는 4D 업종이라는 말을 많이 듣고 있습니다. 그만큼 우리나라 경제 상황이나 산업 구조도 많은 변화가 일어나고 있다는 이야기일 것입니다. 먹고사는 것이 중요한 시대에서 가치와 품격을 중요시하는, 한 단계 업데이트된 시대로 이미 우리 사회는 발 빠르게 변화하고 있습니다. 앞으로 그 변화의 속도는 더욱 빨라질 것이라는 것도 누구나 예상이 가능할 것입니다.

이렇게 장황하게 이야기를 꺼내는 이유는 시대 상황의 변화에 맞게 우리 개인들도 변화가 필요하다고 말하고 싶기 때문입니다. 기존 건설산업은 시간이 지날수록 사회 전반에 미치는 비중도 줄어들 것입니다. 경쟁력과 기술력을 고도화하면서 그에 맞는 생존 전략이 필요한 시대가 될 것입니다.

그 과정에서 부작용도 클 것이고 일반 국민도 일정 부분 부담해야 하는 과정도 동시에 수반될 것입니다. 예전과 같은 사업 진행 방식은 많은 리스크를 내포하고 있고, 그 모든 리스크는 국민이 부담해야 할 수도 있습니다.

이런 시대적인 요구를 거스를 수 없는 상황에 개인들은 어떤 생존 전략으로 미래를 준비해야 하는지도 한 번쯤은 짚어보고 싶었습니다. 또한 부동산 투자라는 부분도 고민해보고자 이 책을 써야겠다고 생각하고, 쓰기 시작했습니다. 그런데 책을 쓰는 과정이 진행되면서 미래에 대한 두려움과 걱정이 점점 더 커졌고, 많은 변화가 필요하다는 확신은 더 깊어졌습니다.

불과 20~30년 전의 시대 상황과 2024년 현재 우리의 변화된 시대 상황을 보면 두려움이 엄습해옵니다. 20~30년 전 인터넷, PC, 핸드폰 같은 생소한 기계들이 만들어졌을 때 상황과 지금 인공지능 등 인간의 능력을 뛰어넘고 심지어 인간을 대체할 수 있는 기술의 등장을 보면서 SF영화가 괜히 만

들어진 것이 아니라는 생각이 듭니다. 미래를 예측하고 대비하는 것이 무의미한 것이 아닌지 우려도 하게 됩니다. 심지어 '10년 전 우리가 예측한 상황과 미래가 어느 정도 맞아떨어진 것일까? 우리가 예측하는 미래가 얼마나 될까?' 하는 걱정을 하게 됩니다. 이렇게 막연한 생각을 하면서 투자의 관점에서 살펴보면 정말 어렵고 리스크가 많을 수 있을 것이라는 생각을 떨쳐버릴 수가 없었습니다.

이 책을 쓰면서 가장 큰 바람은 시대적 변화 극복의 계기를 만드는 것이었습니다. 시대의 큰 변화는 우리가 어찌할 도리가 없다고 보면, 우리는 무엇을 어떻게 대비해야 할까요? 리스크를 줄이면서 우리가 꿈꾸는 소박한 꿈을 어떻게 하면 이룰 수 있을지 함께 고민하고 싶었습니다. 제 주변의 많은 사람에게 한 번쯤은 같은 고민을 하면서 함께 극복해나가는 계기를 만들고 싶었습니다.

이 책의 내용이 세상의 모든 정보를 담기에는 부족하다는 것을 알고 있습니다. 하지만 이제 시작이라는 생각으로 한 줄씩 써내렸습니다. 아마도 많은 사람이 이야기할 것입니다. 시대가 변화하고 있고 준비하고 대비해야 한다고…. 하지만 '어떻게?'라는 질문이 주어질 때, 답은 모두 다를 것입니다. 답을 하지 못하는 사람도 있을 수 있습니다.

하지만 우리는 무언가를 해야 하고 할 수밖에 없는 시대에 살아가고 있지 않습니까? 결국, 개인의 선택 문제이지만, 이 책이 그 선택에 미력하더라도 옳은 방향을 제시하는 좋은 길잡이가 되기를 희망합니다.

끝으로 바쁘게 일정을 맞추느라 책 출간에 도움을 주신 정인 식구들과 출판사 관계자분들께 머리 숙여 감사드립니다.

박준연

부동산 투자 대격변
변화된 패러다임에 대비하라

제1판 1쇄 2024년 3월 25일

지은이   박준연
펴낸이   한성주
펴낸곳   ㈜두드림미디어
책임편집 이향선
디자인   얼앤똘비악(earl_tolbiac@naver.com)

㈜두드림미디어
등록   2015년 3월 25일(제2022-000009호)
주소   서울시 강서구 공항대로 219, 620호, 621호
전화   02)333-3577
팩스   02)6455-3477
이메일   dodreamedia@naver.com(원고 투고 및 출판 관련 문의)
카페   https://cafe.naver.com/dodreamedia

ISBN   979-11-93210-65-9 (03320)

책 내용에 관한 궁금증은 표지 앞날개에 있는 저자의 이메일이나
저자의 각종 SNS 연락처로 문의해주시길 바랍니다.